GUOJIA JISHI

JICENG SHEHUI ZHILI TUJING
YU XIANGCUN ZHENXING

国家基石

基层社会治理图景与乡村振兴

吕德文 著

人民东方出版传媒
People's Oriental Publishing & Media
东方出版社
The Oriental Press

图书在版编目（CIP）数据

国家基石：基层社会治理图景与乡村振兴 / 吕德文著. —北京：东方出版社，2022.6
ISBN 978-7-5207-2777-8

Ⅰ.①国… Ⅱ.①吕… Ⅲ.①社会管理—研究—中国②农村—社会主义建设—研究—中国 Ⅳ.① D63 ② F320.3

中国版本图书馆 CIP 数据核字（2022）第 073121 号

国家基石：基层社会治理图景与乡村振兴
（GUOJIA JISHI：JICENG SHEHUI ZHILI TUJING YU XIANGCUN ZHENXING）

作　　者：	吕德文
责任编辑：	张永生
责任校对：	金学勇
出　　版：	东方出版社
发　　行：	人民东方出版传媒有限公司
地　　址：	北京市西城区北三环中路 6 号
邮　　编：	100120
印　　刷：	三河市中晟雅豪印务有限公司
版　　次：	2022 年 6 月第 1 版
印　　次：	2022 年 6 月北京第 1 次印刷
开　　本：	710 毫米 × 1000 毫米　1/16
印　　张：	17.5
字　　数：	200 千字
书　　号：	ISBN 978-7-5207-2777-8
定　　价：	68.00 元

发行电话：（010）85924663　85924644　85924641

版权所有，违者必究

如有印装质量问题，我社负责调换，请拨打电话：（010）85924725

目录 CONTENTS

序　　　　找回基层治理之魂　/ 1

壹 ___ 1
基层社会图景

"素面朝天的中国"　/ 3
城乡互动的图景　/ 11
巨变时代的到来　/ 20
小镇青年的生活实录　/ 33
农村生活方式危机　/ 44
我们在不经意间跨过了一个时代　/ 56
父亲的一辈子，是中国农村改革史的
　　　缩影　/ 62
"80后"知识分子的心灵史　/ 70

贰 ___ 79
推进乡村振兴

如何建立脱贫攻坚的长效机制　/ 81
全面建成小康社会的历史时刻　/ 87
乡村振兴是将来时　/ 91
空心村的命运一定是被消灭吗　/ 94

"合村并居"政策辨析 / 101
"空壳合作社"的形成机理 / 107
村级债务状况与风险防范 / 115
城乡融合发展的根基 / 124
城乡融合发展的前景 / 129
共同富裕的制度逻辑 / 137
劳动伦理与共同富裕 / 147

叁 __ 159
城 乡
社会治理

工程思维治理的限度 / 161
顶层设计需要借鉴基层探索经验 / 167
为民办事的方法 / 173
乡镇改革的理论与实践 / 178
基层犯了错,如何整改 / 186
基层创新力戒形式主义 / 190
基层工作要防止落入"花钱办事"的
　　陷阱 / 195
招牌——城市的"里子"与"面子" / 200
"剩余事务"该如何处理 / 205

肆 __ 211
地方政府
行　　为

基层治理的核心是群众工作 / 213
让殡葬改革回归本源 / 216
为什么要搞城市创建 / 223

耍官威已经过时　/ 228
基层青年干部的非正常流动　/ 233
当村干部为何成了"苦差事"　/ 243
"两栖"村干部如何演化而来　/ 251

后　记　/ 265

序
PREFACE

找回基层治理之魂

"基石",本义为给建筑奠基的石料,引申为"基础"或"中坚力量"之义。作为国家治理的最末端、服务群众的最前沿、政策执行的"最后一公里",基层治理是国家治理的基石,"基层强则国家强,基层安则天下安",正是由于基层的极端重要性,党和国家历来高度重视基层社会治理工作,强调"夯实基层基础"。党的十八大以来,国家持续加大对农村社会的投入,农村公共服务设施不断健全,生产生活条件持续改善。尤其是党的十九大提出实施乡村振兴战略,国家对农村的扶持力度进一步加大,基层治理体系与治理能力现代化建设持续推进。

2021年印发的《中共中央 国务院关于加强基层治理体系和治理能力现代化建设的意见》指出,"基层治理是国家治理的基石,统筹推进乡镇(街道)和城乡社区治理,是实现国家治理体系和治理能力现代化的基础工程"。可以说,没有基层治理的现代化，就很难谈得上国家治理的现代化。没有对基层治理的深刻认识，就难以认识中国国家治理现代化的深层次规律。本书恰恰为我们展现了当前中国基层社会和基层社会治理的丰富图景。

基层扮演着国家"代理人"的角色。党的路线方针政策，需要基层政府和基层干部的支持、配合方能落地。国家必须赋予基层一定的自主权力和行动空间。唯有如此，基层才能更好地解决政策落地的"最后一公里"的难题。

中国作为一个大国，由于治理层级较多，中央和上级难以获取基层的所有信息。基层政府可以利用多层级治理体系这一"天然屏障"，掌握信息优势，通过各种方式阻隔某些基层的信息往上传递。国家则需要面对和解决这一信息困境，掌握基层社会治理的真实状况。在长期的治理历史中，由于受技术等方面因素的限制，国家应对信息困境的能力有限。

此外，基层干部嵌入基层社会，不可避免地受制于基层错综复杂的社会关系网络。如果不顾基层社会关系网络，没有基层社会的支持，那么基层干部将难以开展工作。但如果基层干部嵌入过深，甚至被基层社会关系网络所裹挟，也将影响国家政策的有效执行。因此，国家如何打破基层社会的阻隔，克服基层的不利影响，便成为国家政权建设的一项重要任务。

20世纪90年代，我国就出现了农村税费负担加重、干群关系紧张的状况。导致这种状况出现虽然有财税体制变革等方面的因素，但国家对基层的监督有限、基层自主性过大也是其中至关重要的一个方面。

进入21世纪后，国家通过税费改革、取消农业税、加强基层治理制度建设等措施，强化了对基层政府的监督。基层政府侵害农民权益的现象大幅度减少，基层干群关系得以缓和。

纵观中国基层治理的历史演变过程，基层治理状况在很大程度上受制于中央与基层的关系。"一收就死，一放就乱"的状况尚未得到根本改善。当中央对基层授权过大、缺乏管控时，基层自主性较大，容易出现基层政府侵害民众权益的问题，带来基层关系紧张；为了减少、杜绝基层政府侵权事件的发生、缓和干群关系，中央与基层关系就要作出调整，中央要加大对基层的监督。由此形成所谓"收放循环"的逻辑。

近年来，基层治理现代化的步伐不断迈进。首先，各类制度规范化建设持续推进。例如，村务公开制度、基层权力清单制度、行政事项审批制度等，都不断得到改革与完善。基层权力行使日益规范化，职权边界越来越明晰。其次，上级对基层的巡视、巡查、督查力度不断加大。基层"小微腐败"蔓延势头得到有效遏制。最后，各种先进技术得到越来越广泛的应用。例如，卫星拍照、无人机、视频摄像、政务App等现代技术被引入基层治理中，这在很大程度上缓解了上下级之间的信息不对称难题。

国家正凭借其日益强大的能力将基层整合进入国家治理体系，推动基层治理现代化进程。但是，上级频繁的督查、检查也引发了一些新的问题。基层干部疲于应对各种督查、检查、暗访，自主行政空间较小。没有了创造性、灵活性、适应性，基层治理就没有了灵魂。同时，基层形式主义屡禁难止。一些地方一味追求规范化、标准化，而罔顾基层社会实际，滋生了大量形式主义。基层徒具现代化的外表、形式，缺乏现代化的治理效能。

在中国大地上推进基层治理现代化，需要贴近基层社会现实，回应基层群众的真实需要。贴近基层社会的现实，要求我们充分顾及基层社会的性质和特点。当前，基层社会处于巨变之中，整体迈向现代化的趋势不可阻挡。但不少地方的基层社会仍然保留着较强的非规则性，与外表"高大上"的现代化基础设施和治理制度难以兼容。而且，不同区域社会的特点存在较大差异，不适宜建立统一的、标准化的治理体系。

为使基层治理具有创造性，我们还应赋予基层治理一定的自主性，使其拥有因地制宜进行政策转化的空间和能力。近年来，国家已关注到基层权责失衡的问题，强调强化乡镇属地管理权限，将一些行政权力下放到乡镇。基层治理已拉开新一轮"放"的帷幕，为新时代的国家治理现代化奠定更为扎实的根基。在此过程中，应谨防发生"责任下沉而权力不下放"的现象。在促进基层权责平衡的同时，还要保持对基层张弛有度的监督，力争建立一个既规范行政又富有弹性的基层社会治理体系。

总之，富有创造性、灵活性和适应性的基层治理，才是有灵魂的基层治理。为基层治理赋予创造性、灵活性、适应性，就是为其找回灵魂。本书呈现了作者近年来对基层社会的深刻观察与理解，聚焦于探讨"新时代如何实现基层社会治理现代化"这样一个命题。书中内容涵盖了基层社会、基层体制、基层治理和基层干部等多个方面，展现了一个立体的、丰富的基层中国。德文思想深邃，洞察力强，文风朴实，每每读他的作品，总能给人以思想上的极大启发。读完此书，相信大家会有同感！

是为序。

华中师范大学中国农村研究院教授田先红

2022年3月于武汉桂子山

壹

基层社会图景

"素面朝天的中国"

在一次学术交流中,中国社会科学院的房宁老师分享了他在2017年三四月间"走读京杭大运河"的经历。大运河沿线有发达的城市,但更多的是处于半自然经济状态的普通农村。这真是一个"素面朝天的中国"。

一、隐藏的角落

大运河途经的华北平原,是中国腹地,其经济和社会形态,就是中国乡村的缩影。巨大的城乡差异和区域差异,使中国就像一个时光隧道。我们习惯于用"现在"定义"将来",一度以为光鲜亮丽的城市必定是乡村的未来。甚至"美丽乡村"也是由城里人的田园梦和乡愁所定义的。殊不知,在更多的时候,乡村构成了当代中国"隐藏的角落"——你关不关注它,它就在那里;它用它独特的方式塑造中国的面貌。

2020年"两会"结束后,李克强在回答中外记者提问时指出,中国是一个人口众多的发展中国家,全国还有6亿人月收入在1000元以下。这引起了社会热议。这说明,人们对中国社会的这一图景背后的准确内涵并不完全理解。很显然，这6亿人绝大多数是农民。2019年，全国居民人均可支配收入30733元。其中，城镇居民人均可支配收入42359元，农村居民人均可支配收入16021元。

农村低收入人口包括哪些群体呢？一是绝对贫困人口。这部分低收入人口，多数是因为家庭缺乏劳动力，或遭遇天灾人祸，长期或暂时陷入贫困境地。这些人口是低保或精准扶贫对象，但现有的农村低保和扶贫标准还比较低，仅能有效保障其基本生活需求。二是"半耕半工"家庭人口。进入21世纪以来，中国农村逐渐形成了以代际分工为基础的"半耕半工"家庭。以三代家庭为例，年轻夫妇一半在城市务工，老年人和小孩留守农村，在农村完成家庭再生产。因为市场机遇、家庭积累以及个人能力等方面的差异，一部分"半耕半工"家庭有较高的收入，为城镇化作好了充分准备。但也有相当一部分家庭，务工收入不高，家庭人口又比较多，导致其人均可支配收入较低。三是纯农户。一部分农户因为家庭生产周期及特殊的家庭任务，如生育、照顾老人、陪读等，被迫留守农村。在很多农村地区，由于市场机会有限，土地产出也不高，务农收入比较低，纯农户的家庭容易陷入低收入家庭行列。

农村有广大的低收入人口是一个现实，但另一个重要事实是，中国拥有全球最多的中等收入人口。改革开放以来，中国城镇化速度以每年超过1%的速度在快速增长，这一过程催生了新增的中等收入人口。这些新增的中等收入人口，虽然名义上在城市安家落户，也有稳定的工作，但大多数新进城的人口，其家庭收入也处在中等收入线的边缘。其高品质的城市生活，客观上还得依赖农村的滋补。一旦城市的就业机会丧失，或者遭遇意外，就很容易重回低收入行列，退回农村就更是一个重要选项。从这个意义上讲，几乎每一个新增的中等收入人口背后，都站着若干个农村低收入人口。村庄是很多新市民家庭的稳定器和动力源，既为其完全融入城市提供强有力的支持，又为其可能出现的进城失败提供退路。

无论是对于农村的低收入人口而言，还是对在城市处于中等收入线边缘的新进城人口而言，村庄都有难以替代的功能。我在调查山东省"合村并居"时，对"素面朝天的中国"有更为深刻的认识。"素面朝天"的村庄，虽不一定光鲜亮丽，但它对于很多农民而言真实而有力量。农村的老人在为子女盖了房、娶了媳妇之后，几乎耗尽了一生的积蓄。并且，一旦完成了人生任务，他们的年纪也大了，不可能有多少收入。他们根本没有条件去买新型农村社区里的楼房，对入住楼房后的现金支持有巨大的心理压力。他们依赖村庄，住在自己的房子里，没有物业费、水费、取暖费，还可以有"庭院经济"，节省了生活开支。事实上，哪怕是拼尽全力进了城的年轻人，也对"合村并居"忧心忡忡。虽然年轻人对住进楼房有期待，但更担心自己能不能承担住楼房的代价。一位受访的年轻人，前两年已经在县城买了楼房，但仅仅住了一年就回村"投靠"父母了。原因是，他们生了小孩以后，家庭收入只有一个人的务工收入，既要还房贷，还要养孩子，根本无法承担城市生活带来的压力。

二、世道易变

　　2018年夏，我和同事在中原腹地开展田野调查。我们调查的村庄，处于两个大城市的交界地带，城市已经扩张到了村庄边缘。按照村民的说法，村庄已经按下了"暂停键"，年轻人进城打工，村里的田地由老年人随便种，大家都等着拆迁。这是一个非常奇特的体验，这个村庄其实已经"暂停"了10年，人们就这么等着，既没有改变现状的条件，也没有为将来努力的动力。以至驻村扶贫工作队也慨叹，要动员农民致富真是难啊。

　　生活如此平淡，总要为内心的躁动找个出口。一天傍晚，我和同事晚饭后散步，突然听到高音喇叭声从远处的村庄传来。循声而去，原来是邻村一户人家生了小孩，请了一个歌舞队来村里表演。在表演现场，男女老少，聚集观看。一位穿着体面的管事站在舞台边上维持秩序，东家则忙着给在座的每一位客人发烟。歌舞队是从县城请来的，演员全是俊男靓女，表演的都是城市酒吧风格的劲歌热舞。表演期间，小孩在舞台前欢快打闹，大人则出奇地安静，聚精会神地观看。直到互动节目的到来，人们的情绪才激动起来。一位五六十岁的大爷，跑上台去和年轻女演员插科打诨。这时，连管事的都看不下去了，不耐烦地说："差不多就可以了，下去吧。"

　　同事感到很惊奇，按理说中原地带是文化深厚之地，怎么会出现这些庸俗的文化活动呢？其实，我一点也不惊奇。10余年前，我在华北农村作调查时就目睹过这种表演。并且，那一次表演，还是在丧事上，场面比这次要大，因为东家请了两个舞蹈队，演起了对台戏！

某些庸俗化的文化产品，可以说是消费主义在农村肆虐的表现。这种看似与"素面朝天"不相容的文化活动，却有深厚的社会基础。华北的村庄，大概都有分裂型的社会结构。村庄内部往往有几个社会集团，在经济、社会和政治方面展开全方位竞争。像满月酒、丧礼等重要场合，当然是彰显东家及小集团"脸面"的重要机会。久而久之，这些集体仪式能否聚集足够的人气，是否足够热闹，就变成了是否有面子的象征，至于说长脸的方式反倒是次要的。

其实，每个地方的乡村社会都是为了"面子"而生存的。有的"面子"其实是"里子"。例如，几乎每个地方的农民都要竭尽全力为儿子盖上楼房（或者在县城购置一套楼房），为其娶上媳妇。如果完不成这些任务，对很多农民而言，人生就算是失败的，在村子里也抬不起头来。以至于，这些年天价彩礼屡见不鲜。有些"面子"，已经成了群体分化的象征。沿海一些发达地区的农村，村庄里的富人为了"面子"，不断提高宴会规格，且不收礼金。久而久之，普通农民根本就还不了人情，办不起酒。人情成了富裕群体的游戏。与之相反的是，在两湖平原和鄂西、湘西等地区，社会分化不明显，人们都有通过办酒席来平衡人情支出的考量。于是，酒席越办越多，名目繁多、频率极高，人情交往陷入恶性循环，几乎所有人都在慨叹人情负担重，却都毫无例外地被卷入其中而不可自拔。

世道易变，人们都在以不同的方式努力逃离乡村，却又在极力维系与村庄的社会关系。就如中原腹地那个处于城市边缘的村庄，村民们都在等待拆迁，一切安排都为进城作准备。但是，只要还在村庄住一天，人们就无法脱离集团竞争的结构束缚，就还要想尽办法在村庄中获取有利位置。甚至，人情负担重等社会现象，何尝不是人们逃离乡村的心态的表现呢？如果不是为了尽快进城，年轻人恐怕没有那么大的动力索取天价彩礼，甚至要在城里买一套楼房，提前透支父辈的财富积累。如果不是因为对村庄社会关系没有长远预期，每走一份"人情"都希望在最短的时间内收回来，人们也不至于那么积极地寻找一切机会办酒席，甚至出现了"无事酒"。

其实，乡村是很多人的栖息地和退路，但人们未必觉得其是世外桃源。巨变时代，几乎没有哪个村庄能够逃离城镇化的洗礼，农民的感触比其他任何人都深刻。我的家乡地处闽粤赣客家地区腹地，是一个比较有传统、文化底蕴深厚、民风淳朴的地方。但这些年来，连老母亲都教导我，"现在不同于过往，大家都各顾各了"。她还举例说，我的某某同学，骗了村里某个人家多少钱，千万要注意啊。近些年来，村里至少有20个年轻人陷入网络赌博不可自拔，不仅自己满身债务，而且连同父母也跟着倒霉，帮忙还债。按照一位村民的说法，现在的年轻人，都喜欢赚"快钱"，一夜暴富。镇里虽然有工业园区，工资也不低，但凡有点门路的家庭，都不会让年轻人去务工领死工资。

三、治理迭代

这几年，脱贫攻坚成了很多中西部地区农村的中心工作。几乎每个扶贫干部都有深切的感受：对于脱贫这件事，怎么干部比贫困户还着急呢？我碰到好几个扶贫干部，自己垫付资金帮助村里发展产业，希望与村民共担风险，结果村民不买账。有些大型企业为了帮助贫困地区发展，在当地建了工厂，结果贫困户宁愿在家里游手好闲也不愿意进厂打工，工厂竟然因为招不到工人而无法生产。有些扶贫工作组，好不容易争取到了扶贫项目，为村里修路修桥，结果村民还打起了扶贫款的主意，想尽办法要各种补偿——占地要补偿，出工要补助，损害了作物还要青苗损失费，不一而足。

今日之中国乡村，正在经历一个堪称治理迭代的特殊时期。20世纪90年代的乡村治理，有极鲜明的"统治"性质，乡村治理主要服务于吸取农村资源，贯彻国家意志。因此，虽然乡村治理粗糙，但国家与农民之间的支配关系难以受到挑战。而进入21世纪以后，一旦没有了吸取资源的任务，国家与农民之间的关系就变得疏远起来。而在治理迭代的今天，国家以服务者的形象重新积极介入农民生活，脱贫攻坚、污染防治、移风易俗等，几乎每一件事都事关农民的美好生活。但是，农民并不一定接受国家的"服务"。

任何一个社会都有自己的文化。这些文化潜在地支配着人们的生活逻辑——这个逻辑往往是地方性的,而不是全国性的。而国家恰恰代表着统一的、普遍的逻辑。例如,在我国西南地区,一些少数民族贫困群众,对于收入的计算取决于开支,"赚多少、花多少",或者"要花多少,就赚多少",积蓄和发展的观念并不强烈。而扶贫是一套典型的发展主义话语,这一套逻辑根本就不适合当地的文化。这也就可以理解一些深度贫困地区的脱贫攻坚工作,扶贫先扶智是多么重要了。

大多数乡村社会都还保留着大量的非正规经济,存在互惠关系,人们的经济和社会生活本来就难以精准计算。甚至,人们如果太精于计算,很可能会制造社会问题,一些地方的人情负担过重就是"计算"的结果。因此,乡村社会往往是模糊的、灰色的、易变的。但国家政策需要精确。例如,精准扶贫要精准识别、精准施策和精准脱贫。现实却是,农民连自己的收入和支出都无法精确计算,精准的治理何以实现?为了精准而精准,官僚主义形式主义就会泛滥。

"素面朝天的中国",其实还处于算盘时代,但我们已经用计算机在测量乡村社会的一切。有时候,国家能力的提升会让乡村变得更好。但在更多时候,过于自信的国家能力,很可能会遭遇不适,被乡村文化反噬。

中国似乎正在经历时空压缩。今日之中国,前现代、现代和后现代的社会元素同时出现。不同区域,因为不同的自然、历史和文化积淀,这些社会元素的组合形态也有不同。而它们又共同构成了一个完整的中国。

认识中国,不可规避那些隐藏的、易变的和迭代的元素。从乡村看,"素面朝天",恰恰是大国底色。

城乡互动的图景

改革开放40多年来,国家现代化进程发展如此稳定、顺利,被称为"中国奇迹",农村在其中发挥了重要作用。

可以说,农村是中国现代化的稳定器和蓄水池。

从具体国情出发,中国是一个城乡二元结构的巨型国家,但我们的城乡二元结构不只是字面意思——城乡之间并非完全割裂。

那么,我国城乡之间的互动关系经历了怎样的发展阶段?如何平衡城乡资源?

一、城市与农村的良性互动

改革开放40多年来,城乡关系可以分为以下几个阶段:

在20世纪80年代,城市和农村的发展总体上没有主次之分。当时,城市释放的大量生产力往农村转移,农村改革欣欣向荣,农民增收快，社会活力足。例如，当时乡镇企业得以快速发展的一个重要原因是城市的国有企业改革，使大量知识、技术往农村转移。

在20世纪80年代的城乡关系中，农村在表面上是"抽血者"，城市的生产力等资源往农村转移，农村由此获利。

20世纪90年代，城乡关系进入另一个阶段。在20世纪90年代，大量乡镇企业走向衰落，外资企业和民营企业兴起，开始出现民工潮，大量的农村剩余劳动力往城市转移，进而促进了城市的发展。

20世纪90年代的农村存在剩余劳动力，城市的发展疏解了农村部分剩余劳动力。但农村在往城市输出劳动力的过程中，并没有走向衰败，因为进城务工的收入反哺了农村。所以，整体上20世纪90年代的农村仍然获益。

20世纪90年代末到2005年前后，城镇整体上开始迅速发展，城镇化进程急剧加快。观察2000年以后的数据可以发现，我们的城镇化率平均每年上升1%，按照12亿多人口的基数看，1%的转移也是很大的规模。在转移的过程中，农村不仅给城镇带来了劳动力，还给城镇带来了很多机会和财富。例如，在城镇买房的农村人开始多了起来，刺激了城镇房地产市场的发展。

与此同时，由于农村活力渐衰，大量资源聚集到城镇，城乡关系再次发生变化。

2006年是一个重要的时间节点。2006年1月1日，国家宣布废除农业税。

今天，我们回头去看，农业税的免除标志着一个战略上的重要转移——城乡之间真正开始以工补农、以城带乡。直到今天，每年的涉农资金依旧在不断地、巨量地增加。

可以说，一直以来，城乡资源的流动都是一个双向的过程。一方面，农村大量的人力物力往城市集中；另一方面，国家的财政资源不断向农村输入。城乡关系表面上是农村逐渐走向衰败，城市不断走向兴旺发达，但这只是发展的一个阶段。

在这个阶段，城镇化的速度特别快，城镇化增长率保持在较高水平。同时，为了不让农村走向衰败，国家做了很多工作，很多资源反哺农村，包括党的十九大提出的乡村振兴战略，国家投入了大量资金。

从总体上看，城乡互动密集，在这个过程中追求平衡性和城乡均等化发展，各方为了达成这一目标不断努力着。

二、如何平衡城乡资源

平衡城乡资源，是我国跟其他国家在城镇化过程中不太一样的地方。

我国不希望出现城市兴旺、农村衰败的景象。国家之所以提出乡村振兴战略，是希望农村和城市一样有活力。随着全面建成了小康社会和乡村振兴战略的持续深入推进，我国农民的生活水平日益提高。

城市一直都是经济发展的火车头，是所有经济、资本的聚集区。我们整个经济发展要有活力、有速度、有质量,都要依靠它的拉动。但是,农村在我国的经济发展中无疑也起了很大作用。乡村蓄水池的作用是非常明确的。

然而,从决策层面出发,我们不仅希望它是蓄水池,还希望它充满活力。如果国家只是把农村当作稳定器和蓄水池,那么只要稳住农村就行,不需要投入太多资金。现在很多地方政府之所以把工作重心放在农村,是因为国家希望农村不只是蓄水池,还希望农村发挥更大的作用。

我认为,整体来讲,城乡关系的变化非常明显。如果非要说之前城乡关系是输出性的二元结构,那么今天它已经转变了性质,变成了保护性的城乡二元结构。

之前,国家主要从农村吸取资源,也就是向农民索取资源。国家征收农业税的同时,并不承担农村的公共服务,农村的水利、教育、交通等基础设施都依靠农村自己统筹、自己管理。这在当时是合理的。因为当时国家财力有限,国家做不到全面保障基础设施建设,所以大部分农村在给国家缴税的同时,公益事业还是依靠自己。

2006年起变化很明显。一是不收农业税了。二是大半乡村公共事业投入已经依靠国家财政。国家修路村村通,每年在农田水利建设上的投入很多,教育也实现公办。以前,乡村学校是指乡镇政府和村委会办的学校,现在的乡村学校,是指国家在乡村修建的学校。这是一个非常大的改变。

城乡二元结构不是打破与不打破的问题。城乡二元结构是客观存在的。例如，农村和城市的生活形态是不一样的，这很难打破，也没有必要打破。无论是从社会生活角度，还是从生产角度来说，城市与乡村都是客观存在的两种不同性质的社会形态，经济体制也不同。例如，城市的土地是国有的，农村的大部分土地是集体所有，这个结构是客观存在的，从主观意志出发去打破，是不符合规律的。

打破城乡二元结构，这种说法本身就有问题。它理所当然地认为城市占了农村的便宜，两者之间是不平衡的。即便按照这个思路去想，不打破它，城乡相对平衡的关系也可以存在，所以没必要打破这个结构。

举例来说，假如我们真正实现了保护性的城乡二元结构，农村完全有可能比城市变得更好。这仍是城乡二元结构，但农村有其存在的价值，因为从战略层面上来说它是稳定器和蓄水池。

中国有个很有意思的特点，大部分中国人都有乡愁，之所以如此，有两个方面的原因：第一，我们生活在一个巨型国家，这里出现了巨大的人口流动。大部分人都有农村生活的经验，所以人们待在城市的时候想念农村。第二，因为出身农村，农村还能承载他们的寄托，大部分人还回得去家乡。这就是乡愁的来源。大部分中国人没有宗教信仰，中国也不是宗教国家。无论是乡愁、家乡观念，还是对祖先的崇拜、对父母和家庭的感情，在中国人的精神生活里，都是价值层面的重要支撑。

大部分人没有分析它，所以没有意识到，这个支撑点跟农村和乡村价值有很大的关系。因此，不该去打破城乡二元结构。一旦打破它，把乡村建设得像城市一样，虽然看上去很现代化，但乡村可能会因此失去存在的价值。乡镇都和城市一样了，人们就没必要待在乡村了。

至少现在看来，在年轻人中，乡愁还是存在的。所以，从现实层面来说，乡村还是特别重要的，没有必要打破城乡二元结构。

三、集体所有制经济走向虚化

我曾去河南省某地调研，我发现那个地方很有意思。它的集体经济保留得比较完整。在村民小组范围内，可以调整土地。例如，三年一小调五年一大调，或者五年一小调十年一大调。意思就是，三年之内随着人口的增减，可以把人口减少的家庭的地调给人口增加的家庭，集体所有制非常平衡。这在当地是有共识的。

但是，就我的经验来看，这样的村庄很少了，估计不足10%。大部分地方都觉得不调整土地是理所当然的，尤其是前些年推行土地确权之后。土地确权和集体所有制没有关系，但土地确权后，集体所有制就没有办法体现出来了。农民认为"既然土地由我耕种、由我使用，我可以转包，国家的粮食补贴发放到我家，那么耕地就是我的"，所以集体所有制就无法得到体现。

但是，在工业化水平比较高的村庄是有集体经济的，例如，长江三角洲地区和珠江三角洲地区。这里的集体经济之所以存在，是因为较早经历了工业化和城镇化进程，农村的土地增值了，土地增值使这些村庄较早地把农用地变成了建设用地。它们的城镇化开始得早,那时的集体所有制保留得比较完好,所以即使农用地变成建设用地,也依然保留着集体经济。

在集体经济保留完好的背景下,在城镇化和工业化进程中,农村把土地用来盖房或租给别人做工厂,农民没有了土地,所以农村土地的附加值自然就变成了集体经济的收入,每家分红,大家也自然不用调换耕地了。

这种集体所有制经济还比较多,以物业的形式存在,但只存在于长江三角洲、珠江三角洲地区和某些城郊村。

总而言之,与工业化、城镇化有关的那些农村,因为有客观需要,所以集体经济得以保持下来。多数地区的农村集体所有制是虚化的。例如,现在基本上不存在乡镇企业这个说法了。20世纪90年代末,我们推行乡镇企业改革,基本都私有化了,所以现在基本没有乡镇企业这一经济形态。而且,现在经济的组织形态也不太一样。以前,乡镇企业由乡镇经营。但是,现在不存在这种集体所有制经济形态了。可能还有一些企业保留着集体所有制经济的成分,或以物业的形式入股,或是持有股份,可以分红,但乡镇不介入生产和经营,真正能够直接经营的很少。

四、乡村乱,但也不乱

我觉得说乡村"乱"不够准确,不是因为它有负面的意思,而是乡村本来就是一个法律、政策进入比较困难的地方。涉及农村的法律很多,除了我们熟悉的《中华人民共和国村民委员会组织法》之外，还有很多涉及农业、环境的法律。这些法律都与农村有关。

例如，青蛙是受保护的动物，抓青蛙数量达到某一限度就是违法行为。但是，农民认为抓青蛙是没问题的，并不认为这是违法行为。还有养殖污染，如果严格按照《中华人民共和国环境保护法》的规定，有些养殖行为属于违法行为。

我在河南省的一个村里看到了一些低俗表演。当地办红白喜事的时候喜欢凑热闹搞演出，本意是大家为了"面子"而竞争，在村里热闹热闹拉拢人气。但是，没人愿意看一般的歌舞、传统戏剧，所以节目就演变得低俗了。这样的事在乡村时有出现。村民不认为这是违法的。

这些现象并没有真正挑战基层社会秩序。站在当地人的角度来看，乡村秩序还是比较井然的。

有些农村比较规范、有秩序，因为其社会结构比较完整。例如，某些农村家族之间，长期不断地竞争、磨合，使村庄内部存在较强规范，村规民约的作用比较强大。但家族之间、个人之间都有竞争。这就像盖房子，你先盖得这么高，我后面盖得一定要比你的高一点，再后面的会更高。所以在村里面看到最老的房子都是一层的高度，越新的房子越高，这就是竞争。

这实际上是大部分农村的常态，它并没有失控。

乡村之"乱"的背后，一个不可忽视的重要因素是贫困。随着乡村振兴战略的持续深入推进，农民的生活水平日益提高，加上近年来农村法治建设的稳步推进，所谓乡村"乱"的色彩正逐渐淡化。

我国是全世界反贫困战略最成功的国家。自 20 世纪 80 年代以来，甚至再往前推，我们的反贫困成绩都是全球公认的。我们做了很多事情，包括扶贫开发、西部大开发，都跟反贫困有关。现在，农村最关键的问题在于能不能给农民提供更好的就业机会和社会保障。

要投入资金的地方是农村公共设施建设。无论是在经济上还是在文化上，要给农村提供更好的公共服务。因为住在农村的人口往往只能待在农村，无法享受城市的公共服务。让这些人能够享受更好的公共服务才是关键。

农村的问题关键还是产业发展问题。地方经济的发展很重要，我们国家的农村问题和经济发展是密切相关的。我们认同最大的人权就是吃饭问题，因为这就是发展问题。在西方人看来，这个观点有些莫名其妙，但对农业人口占比很高的中国来讲是非常正确的。

要解决产业发展的问题，因为产业发展才是振兴农村的关键。

巨变时代的到来[①]

最近 10 年，随着工业化和城镇化进程的突飞猛进，中国基层社会发生了巨变。今天的社会，有可能要告别过去千百年来一直赖以运转的那些社会逻辑。一些基本机制正在发生变化，中国将要进入一个全新的发展阶段。

一、变局

党的十八大以来，中国社会主要矛盾发生了转变。过去，我们主要是要解决生存的问题，现在它变成了人民日益增长的美好生活需要和不平衡不充分的发展之间的矛盾。

人们对生活的美好需要，到底是什么呢？其实每个人对"美好"的定义是不同的。从学术研究的角度来看，过去的矛盾是"吃不饱，穿不暖"。很多 1980—1985 年出生的人，都是在营养不良状态下成长起来的。

如今，青少年已经告别了营养不良的状态。据统计，2000 年

[①] 本节内容依据作者 2020 年 12 月 26 日在观学院的演讲整理。

后，我国人口平均身高有显著增长。我做过一个小镇青年成长的研究，在与他们交谈的过程中，发现他们根本没有吃不饱饭的担忧，在成长的过程中，甚至不知道过去还有营养不良这个问题。

（一）新的社会状态的形成

过去的农业社会是比较静态的。它的主要诉求是活着。但是今天的信息化、"后工业化"的社会，目标和逻辑都发生了改变。再过四五十年，人们回头来看今天的世界，会发现2020年这个时间节点特别重要。我们可以把过去农业社会概括为一个词——乡土社会。从基层看，中国的社会具有乡土性。乡土性意味着稳定、不流动。在这个状态下，它会形成和演化出非常复杂且独特的社会结构和社会关系。今天的社会不是乡土社会，而是城乡社会。

2019年，我国的城镇化率已经达到60.6%，农村反而处于一个次要的地位。从基层来看，中国乡土性的定义显然很不合适。从流动的角度来说，乡土社会的核心特征是稳定和静止，人与人、人与空间之间的关系特别稳定。

在传统社会，迁居是非常重大的事项。我是客家人，历史上客家人是从中原地区往南方迁移的。客家人有个传统，每到一个地方，都会建祠堂、设祖宗牌位，原先家里供奉的"神"，都要带走。哪怕是迁移了，客家人也要把一整套对世界的理解迁过来。

有一次，我去江西省寻乌县的一个村子调研。这个村子就是几座大型的围龙屋，里面住着几千人。我老家旁边有一个叫作

"九栋"的村子,因为这个村子有九栋房子,而且都是连在一起的,每一栋房子都有宗祠。

这些村子在传统乡土社会的空间概念里就特别稳定。一个大家族迁移到一个地方就扎了根,并且把人与人之间的关系固定下来,也就是"聚族而居"。在这个基础上,人跟地方社会之间的联系,都要非常稳定,要有预期。否则,就是流离失所。在过去,流离失所是一件特别悲惨的事。

现在流行一个短语,叫"诗和远方",一些文艺青年热衷于去西藏和云南丽江。但是在过去,诗和远方就是流离失所。这从侧面说明了现代人在城乡社会里面的流动和迁移,已经成了常态,但是它不一定是负面的,也有可能意味着美好。

我是福建人,后来到武汉大学工作。在2020年新冠肺炎疫情暴发之前,我从来没有把武汉划入人生规划当中。我认为,武汉不是我的终老之地,我对武汉也没有感情,它只是我工作过的一个地方罢了。

2020年新冠肺炎疫情暴发对我冲击很大,凡是从湖北和武汉回到老家的人都遭到了歧视。我没有回福建,而是回了岳父岳母家。我的岳父岳母和我的妻子一起从武汉回去,他们也被故乡嫌弃了,这在过去是没法想象的。

在乡土社会中,一个人在外地遇到灾难,回去了,家族、村庄、故乡还会把他安置好。虽然还是会防控疫情,但是他们肯定不会把你当外地人来排斥。

但很多地方的乡土社会已经支离破碎了,不是说空间已经被破坏了，而是人与人之间的关系已经不确定了。我是研究社会学的，其实我早就应该知道是这种结局，但我作为一个普通人，确实很难接受，这对我的心理产生了很大的冲击。

中国很大，在这个百年未有之大变局的时代里，不同的地方反应也有差别。但总体上来说，社会内部关系的联系已经变得特别脆弱了。我们今天的社会其实已经离乡土时代非常远了。深层的社会结构和社会关系以及社会运行的逻辑，已经发生了非常大的变化。

社会关系中心已经从乡村社会转到城市社会。城市就是一个陌生的社会，人们在不同场合认识他人、结交朋友。过去哪怕有城市，人的社会关系中心还是在乡村。就像古代一个人当了大官，最后还是要告老还乡的；还有一句话"富贵不还乡，如锦衣夜行"，说的都是要归乡，只有这样才会显得特别有面子。

在乡土时代，朋友只有转换为亲缘关系才能保持稳定，才有意义。例如，结拜兄弟，这叫好朋友。而现在情况是反过来的，亲密的兄弟关系，就要颠倒过来把它变成朋友关系；和谐的亲子关系中，两人就像是朋友一样。

这几年，我去了很多地方作调研，发现几乎所有的父母，最后都以朋友、客人的心态来对待下一代。虽然彼此相处起来特别轻松，但这意味着人与人之间缺少非常厚重的情感，也缺少代际交流。

在当前的社会状态中，很多城乡家庭有多个生活空间。例如，子女单独成家，两个家庭成员之间相处的方式不同。老夫老妻之间，男子在家里可能是闲人，只管下棋、喝茶、打牌，妇女则要买菜、做家务。城里的生活则不同，年轻夫妇都要上班，如果按照农村夫妻的生活模式来办，是行不通的。两种生活模式之间有冲突，也有融合。这种融合主要以代际差异的形式出现，老年人和年轻人的生活方式，在空间、时间上的区别特别明显。

关键在于，两种生活方式是相互支配、相互融合的。年轻人的生活方式依赖于老一辈的生活方式。举个例子，很多地方的年轻人要结婚，会面临高价彩礼的问题。在社会学的意义上，这属于财富的代际转移，只不过它是以文化的形式来呈现的。所以，高价彩礼就是把资产从老年人手中转移到年轻人手中。最近几年，一些地区彩礼数额涨得飞快，这和城镇化进程中生活成本变高有关。

乡村老年人的慢节奏生活，与城市年轻人的快节奏生活是相辅相成的。如果农村老年人也过快节奏的生活，整个社会的资源恐怕很难为其提供有效支撑。

（二）城乡空间壁垒被打破

近几年，我国城镇化进程很快。这背后有两个因素：第一个是结婚。结婚需要买房买车。第二个是教育。这两个因素推动了城镇化的提速，主导了社会关系的再生产。

城乡社会是如何形成的？我过去说，中国社会是城乡二元结构，有两个世界，但今天我们不能再用这种视角去看待它了。城市和乡村已经不是两个被分割的空间，人们的时空位置并不会停留在其祖辈生活的村庄中，城市和乡村也不是两种截然分割的生活状态。

过去城市和农村之间存在空间壁垒，老人在农村，很难给予在城里的年轻人以支持。但今天不同了，高速公路、铁路和航空的飞速发展，以及智能手机和互联网技术的大众化，打破了城乡之间的空间壁垒。城乡之间交通、信息、资金等方面的互联互通，为人们的工作、生活提供了物质基础。

十多年前，我的家乡从一个山村变成空心村。当时，父亲搬到镇上生活的时候，他觉得不适应，甚至斩钉截铁地说："我就住一两个月，然后还要回村子里住。"结果他进城住之后就不想再搬了，因为所有的邻居都一起搬出来了，回村里面干吗？老一代人的安土重迁的观念，被现实冲击得支离破碎。

（三）什么是美好生活

城乡社会塑造了一个全新的社会管理制度和社会结构。如今，人们追求美好生活已是社会发展的重要动力。在漫长的历史过程中，活着就是人世间的真理。国家、共同体和个人，都将温饱置于生活的中心位置。

过去，乡村社会的主要逻辑就是活着。人只要生存下来就可以了。如今，时代不一样了。美好生活在不同阶段，有不一样的内涵。追求美好生活是没有终点的，即使中国在2035年基本实现社会主义现代化后，还有更高的追求。

二、大国底色

我们处在一个百年未有之大变局的时代，正从乡土社会过渡到城乡社会。社会的底色是什么？作为一个超大型国家，中国治理得很好，这说明它有稳定的基石。过去，农业社会里有很多地方性的知识、规范，它们是整个社会秩序的基础。如今，乡土社会内生的一些秩序，在城乡社会里已经所剩无几。

（一）计算

在乡土社会中，社会时间与自然时间高度匹配，"日出而作，日落而息""春播秋收"。人们对时间的概念并不明确，在周而复始的过程中消磨时间。而在城乡中国的社会形态中，人的社会时间是按照工业社会的生产逻辑分配的。自然时间被精准地切割成工作时间和闲暇时间，而且赋予工作时间线性特征。"时间就是金钱"成了分配社会时间的基本原则，不仅资本在创造条件"抢时间""抢进度"，连农民工也为了创造更多的财富而加班。

按照《中华人民共和国劳动法》的规定，企业是不能强迫职工加班的。"996"是这几年才兴起的一个新词，目前白领阶层都觉醒了，但是在过去很长一段时间里，他们信奉的理念是"多劳多得"。

我认识一位学者，他热衷于维护劳工权益，可他发现，其实有的农民工就喜欢加班，而且没有感觉到自己被剥削。我表哥在珠江三角洲地区开办了几个规模较大的工厂。他工厂的招聘广告里会特意标注"加班工资",并且告诉农民工加班"最高可以拿三倍工资"。正常工作月薪可以拿三四千元,加班月薪最高可以拿七八千元,所有的农民工都很兴奋。

(二)变现

对时间的精准"算计",逐渐支配了人们的日常生活,以至于人际关系也变得可计算和"变现"。大多数中产阶层的生活已经被一套计算公式支配了。例如,现在的教育,恨不得从怀孕前就开始了,幼儿园、小升初、中考,然后是高考,竞争激烈。

在一个时间概念模糊、日常生活周而复始的乡土社会中,人际关系稳定而有预期,互惠原则主导着社会关系。然而,一旦时间被精准刻度,且赋予价值,社会生活本身也就成了被"算计"的对象。原子化社会是大趋势,哪怕是很讲究人情味的地方,人与人之间的关系最后仍然会变得冷淡。

稍微亲密点的关系都会被拿去变现。借钱最有意思,我就借给过很多亲戚钱。每次借的时候,亲戚要1万元,我会借,但不会给足数目,就给五六千元,因为我估计亲戚不会还了。

(三)透支

出现了变现情况,必定会带来一个连锁反应——透支。人会把未来的一切尽可能地全部吃干榨尽。不单要把现实当中的存量变现,也要把未来的存量变现。

在快速发展的社会，每个人都在为将来努力，但未来充满不确定性，唯一可以确定的是"过去已经拥有的"。

时下非常流行闪婚，尤其是在高价彩礼盛行的地方，更是如此。由于男女比例失衡，婚恋竞争很激烈。有时候，男女双方见一两次面就谈好彩礼，女方开价20万元，男方同意后，双方确定好日子就结婚。

但问题是，在竞争激烈的情况下，经常发生坐地起价的事情，原来女方要20万元，隔天就要30万元。穷小伙如果付不起额外的10万元，就会被淘汰。这个时候，他唯有透支所有关系，把钱借回来，才得以结婚成家。于是，透支——努力将想象的未来提前到当下实现，赶紧将当下变成确定的过去，成了一种社会生活的基本逻辑。

透支加剧了社会竞争，提高了社会分化的程度。一旦透支主导了生活的逻辑，会产生残酷的社会竞争，有人没有地方透支了，就会被社会抛弃。今天的社会生活，哪怕是普通的农村青年，也要超前消费。

过去，农民家庭买不起蛋糕，给过生日的小孩煮两个鸡蛋也是可以的。今天会有人告诉你，给小孩过生日，一定要买个蛋糕，举办隆重的生日派对庆祝才行。

过去，孝顺老人是量力而行的。而某互联网公司的广告告诉大众，不给老人坐头等舱就是对父母不孝。过去，夫妻之间，没有结婚纪念日的概念。表达爱意，口头表达一下就可以了。今天夫妻过结婚纪念日，似乎一定要送礼物才行。

商家的广告不仅重新塑造着社会运行的准则和价值观，而且其中蕴含一个逻辑：把过去不是理所当然的东西塑造成必然的标准。

2020年上半年，我作了一个关于网络赌博的调查。在激烈的竞争面前，很多家庭经济条件不好的人，发现自己"永无翻身之日"，所以就想博一把。网络赌博水很深，一般庄家前几天让参与赌博的人赚钱，而且赚得很快，一旦你投入更多，便开始让你输钱，最后输个精光。透支加上杠杆，社会竞争和压力增加，社会分化急剧加重。

三、治大国若烹小鲜

（一）被围困的治理

中国幅员广阔，人口众多，社会结构复杂。面对许多治理难题，古人设计出一套大一统制度，使中华文明得以延续至今。从基层看，大国之大，不在于幅员之广和人口之多，而在于变化之巨大；治理之难，不在于事务之重，而在于事务之繁杂。基层治理更考验治国能力。

很多时候，政府干预存在困难。例如，在治理互联网金融问题上，按照传统的思维，用反垄断干预，可能是无效的。有人对老百姓的价值观下手，开始塑造老百姓对生活的想象："没有网贷，我过不了这个日子，没办法活。"今天的治理之难，不在于事务之重，而在于变化太快，让你无所适从。你可能考虑到了政策工具,但在今天,它很有可能是无效的,甚至会起反作用。

很多时候,基层政府为人民群众着想,但最后成了"好心办坏事"。十几年前,媒体报道过基层政府与民争利的事。例如,征地拆迁等。但是在今天,很多涉及基层治理的负面新闻,其背后都是政府的好心,但客观上老百姓不买账。

(二)新的治理场景

今天,城乡社会性质改变以后,塑造了新的治理场景。在城乡社会中,并不存在一个封闭、独立运作的"基层"。尽管在物理空间上,还存在村庄、社区等空间单元,但城乡社会的边界已经被打破。

今天的基层可能在物理空间上还有乡镇和村,但实际上,所有的治理都已经被纳入国家治理体系。国务院互联网督查系统,都是一竿子插到底的,基层治理与国家治理之间是没有距离的。

近年来,我国基层的工作负担很重。基层干部要对上级负责,保证万无一失。但大家知道一个道理,无论做什么事情,要做到万无一失,都需要投入巨额的成本。世上没有万无一失的事,但在基层,只要有一个失误,即使你之前做了99件好事,那也没用。

如今的社会,没有一个真正意义上独立的基层,过去有很多地方性的规范,但现在这些规范都不存在了,都是按上级制定的制度办事。而上级制定的制度,执行成本相对较高。地方性权威的生产路径也发生了巨大的改变。以前,农村选村党支部书记或村委会主任，往往从村子里的大家族中选。村干部说一句话，就可以解决问题。现在情况不同了，只要有一个人反对，问题就解决不了。

现在任何一项国家政策都可以绕过地方精英或代理人，直接进入基层社会。基层社会的反映和诉求也非常容易进入国家的权力中心。所以，中纪委、国务院督查部门，经常处理一些基层的事情。在过去，中央机关不需要出面处理基层事务。

（三）巨大数量的治理事务

行政事务的数量、类型都在急剧增加，如何安置好人们的生活，成了基层治理的最大负担。习惯于办大事的国家机器转而处理细小琐碎的生活事务，终究会有所不适。

现在，勤政无小事，什么事都要管。以前，人民政府服务人民，但没有能力处理那么多琐事。只能从政治角度和作风角度来给干部提要求。现在要求干部要负起责任来，任何事情都要有所回应。打市长热线，100%要有回应，并且要求满意度达到100%。

例如，我在武汉市作关于城管的调研有几年了。前几年，城管治理小商贩乱摆摊的行为，小贩就打"12345"投诉电话，说"城管粗暴执法"。结果，考核部门会对城管部门说："城管部门满意度不过关，连80%都没有，城管部门是怎么搞的？"所以，城管部门总是受批评，因为这个部门经常处理老百姓的生活琐事。

人民政府要求公务员24小时不能关手机，随时待命。2020

年初,武汉因暴发新冠肺炎疫情进入战时状态,所有干部吃住在办公室里,一待就是两个多月,没回过一次家。有加班费吗?没有,因为政府财政开支列不出来。

(四)国家机器在快速运转

治理是对人的治理,而人的观念正发生很大的改变。很多事情,关乎人的生活方式,涉及人们安身立命。江西省的殡葬改革,从政府治理角度来说,是移风易俗。但习俗存在那么长时间,要让一个老人改变观念是很难在短时间内做到的。这是一个悖论,所以当国家把建立新的社会秩序作为一个目标的时候,它的治理行为有太强的刚性。政府没有时间慢下来思考。治理和生活一样,一定要有节奏,不然,就容易陷入疲于奔命的困境。

四、结语

中国的综合国力处于上升阶段,但在社会巨变的过程中,也存在潜在的挑战。这个时候,提出加速发展的思路,其实有些危险。一个有为的政府可以敏锐地捕捉到危险信号,并迅速作出回应。

我认为,在正常情况下,一个国家、一个政府应该有底线思维,心平气和,慢下来,要为自己存量,应对未来可能出现的危机。

我们的竞争压力确实很大,因为从国家层面上来讲,在全球体系里，中国的综合国力如果升不上去，将来机会的大门就关上了。所以，不折腾，要建立一个稳定的预期，治理要有底线思维。这是我们需要思考的，也是我说的"治大国若烹小鲜"的落脚点。

小镇青年的生活实录

一、小镇江湖

2019年8月初，阿晨上了县公安局的通缉令。

他是电信网络新型违法犯罪在逃人员，在被通缉的18名在逃人员中，他名列首位。通缉令刚发出，阿晨就联系了村干部和派出所民警，打算自首。没承想，他还没来得及实施计划，就在云南边境被当地便衣警察抓捕。据说，云南边境上的便衣警察非常厉害，识别犯罪嫌疑人一认一个准。

阿晨被抓，在村子里并没有搅起多大的涟漪。这个村子很小，地处闽西南，人口共有1000多，和阿晨同龄的年轻人有七八十个，关于他们的情况，村民们多少有所耳闻。这些没有上大学无法在城里正规就业，不喜欢务农，也不甘心在镇里的工业区上班的小青年，长期不务正业，总想着一夜暴富。

这几年，村里从事电信诈骗、网络赌博的年轻人有 20 多个。小青年晃荡在人生路上，只有极少数人"成功"了，大多数人荒废了人生。他们所欠下的债务，少的有二三十万元，多的则有几百万元。

在这些"晃荡"的小青年中，家境殷实、父母能够提供帮助的，或许还有救。但对于普通家庭的小青年而言，可能意味着从此一蹶不振。夫妻感情破裂、父子反目是村子里上演的"常规剧目"。

村民都在感叹，世道真是变了，年轻人的世界，真搞不懂。

阿晨今年才 25 岁，但他已经混迹"江湖"多年了。

他是家中独生子，他在上小学时，父亲意外去世。母亲改嫁后，虽然待他如初，继父对他不错，叔叔也一直很照顾他，但家庭变故还是让他走上了歪道。初中一毕业，他便成了镇上某个混混头目的小马仔。他虽然瘦小，干活儿却尽职尽责，不久就成了头目的亲信。

小镇的江湖，其实早就告别了打打杀杀的年代。小镇主要有三个混混头目，各自都有自己的营生和一帮马仔。平常，这些头目各有各的道，互不干涉，偶尔还相互帮助。小镇虽小，却因地处三省交界处，交通便利，而且有工业园区，商贸发达，比较繁华。

团伙的营生大体相似。大致而言，开设赌场、非法采矿、垄断经营是这些团伙的暴利来源；承揽工程、承包山林等合法营生，也是重要产业。并且，这些正当和不正当的营生，往往交织在一起,总是需要组织和管理人员的。

2018年9月,镇里势力最大的团伙被捣毁。一年以后,根据公开的判决书描述,这个团伙共18人,涉嫌组织、领导、参加黑社会性质组织,犯有敲诈勒索、寻衅滋事、妨害公务、非法侵入住宅、破坏生产经营等罪。团伙头目被判有期徒刑20年,没收个人全部财产。而团伙头目在镇里积累的财富,已经超过1亿元。

在阿晨和他的同龄人看来,马仔就是专职的从事灰色产业的固定工作而已。这些工作,无非是看场子、谈生意、敲诈勒索、寻衅滋事、妨害公务、非法侵入住宅、破坏生产经营等罪行,对于这些混混而言,其实犯不着以流血冲突为代价去干。如今混混们的威力,根本就不用拳头来体现,只要报上名号,稍微有点语言恐吓,对方多半就会屈服。

那个被捣毁的团伙,在多年前曾经组织了一次暴力抢工程的事件,从此威名远扬,势力迅速做大,但也为公安机关依法处置他们埋下了伏笔。扫黑除恶对这些人是有震慑作用的,但他们自己并不觉得有多么不安全,哪怕是被抓进去,也没什么大不了的。阿晨被通缉,理由是"他是电信诈骗在逃人员",压根儿和他在小镇的混混生涯无关。

阿晨和村里的很多年轻人,都怀念扫黑除恶之前的小镇。那时,阿晨的日常工作就是看管那些欠债不还的赌徒。他经常把工作带到发小阿尚的一个茶馆里。在茶馆,他让这个欠债不还的赌徒一边待着,自己则上桌打麻将。他一边叼着烟,一边打着麻将,时不时对他看管的那个赌徒甩两个耳光。那些赌徒虽然人高马大，却也不敢还手，只有求饶的份。

阿尚一开始还觉得，这是阿晨的工作。在茶馆打牌的人，也基本上都是小镇里的熟人，大家也都不介意。但是，终究影响不好。后来，阿尚跟阿晨说，以后不要把工作带到茶馆来。阿晨也听进去了，从此真的不带人来了，来了就是喝茶、打牌，就是纯粹的消遣。阿晨和阿尚关系很好，小镇江湖里的什么事，都会跟阿尚讲；有什么打算，也会和阿尚沟通。

那些年，小镇的娱乐产业发达，地下赌场、茶馆、休闲屋、夜宵店等，一应俱全。凌晨2点，小镇的街头还挺热闹。赌徒们花钱挺大方。因为赌赢了的人，总觉得是白赚的钱；赌输了的人，会让赢了的人请客。

小镇地处三省交界处，特别适合开赌场，时不时有外省来的赌徒，开着豪华汽车，把镇里的几个旅馆都包了，一住就是好几天。

那些年，小镇的钱真好赚。阿尚开了一个小茶馆，楼下卖茶水，楼上摆了几张麻将桌，就够养活一家4口人。小镇的其他青年，如果未婚，不做生意不进厂，成天晃荡也不愁养不活自己。

按照这些小镇青年的说法，这些团伙开个场子，马仔不够用，就得请"临时工"来帮忙。小镇青年在马路边站岗3个小时，就有300元，还有免费香烟和酒水。一个月有几回，再做点别的事，就有几千元收入。时不时，这些小镇青年也会去赌场试试运气，经常赚点快钱。开赌场的，也都是熟人，看他们输得差不多了，也会出于保护，抑或是出于安全的原因，让其收手。一些小镇青年靠赌博为生。

在小镇混的日子中，有快钱赚，才有自由和快乐。小镇青年的聚会，确实让人欲罢不能。大致而言，标准的聚会节目是"三件套"：吃饭、唱歌、洗脚按摩。三五个好友聚会，整个流程下来，得花一两千元。每隔几天，大家轮流请一次客，这日子过得实在是"逍遥自在"。

于是，小镇青年已经形成了独特的生活方式。这个生活方式是建立在赚快钱和高消费的循环基础上的。没有了快钱可赚，就无法高消费；为了维持高消费，他们就得想方设法找到赚快钱的方法。

二、电信诈骗

2018年开始，全国都开展了扫黑除恶专项行动。阿晨的大哥非常识时务，当机立断带着阿晨离开了镇子，偷渡到了缅甸，开始从事电信诈骗。在村里，人们对电信诈骗行业并不陌生。

2018年，当地公安机关开始大力打击电信网络新型犯罪活动，村民一开始还觉得有点奇怪，认为这事离自己的生活很遥远。直到这两年不断有小镇青年被抓捕，人们才知道，村里竟然有十多个小青年从事电信诈骗勾当。

阿晨在缅甸期间，并未断绝和家乡的联系。他偶尔会和阿尚聊起他的工作。县里发了通缉令，他第一时间就知道了，还和当村干部的阿江有过沟通。在缅甸从事电信诈骗的人很多，基本上都是偷渡过去的。

一般而言，这些在缅甸从事电信诈骗的团伙，都和地方势力有瓜葛。团伙必须缴纳一定的保护费，而团伙的活动则受到保护。只不过，地方势力也不是有绝对保护能力的。

在缅甸当地，执法机关也时不时会打击这类违法活动。碰上了严打"扫荡"，这些团伙就得撤回云南边境——或是在当地继续从事电信诈骗活动，或是等待时机再回到缅甸去。

阿晨是亲信，做事靠谱，很快就成了团伙里的一个小头目。他甚至在团伙里谈了一个女朋友。女朋友从事"话务员"工作，对团伙的事涉足不深。阿晨出事的时候，女朋友没事，第一时间联系阿江，告知了阿晨被抓的消息。

这两年，阿晨究竟赚了多少钱，没人知道。但阿尚和阿江都认定，肯定不少。电信诈骗是一个高利润行业，比在镇里开赌场、搞工程要赚得多。有一次，阿晨偷偷溜回家，全身穿金戴银。离开时，他托阿尚去家里拿钱，一拿就是20万元。20万元现金散发出阵阵霉味，可见已存放多时。

现在，只要某个小青年，突然之间有了大钱，人们基本上可以肯定，那是电信诈骗得来的钱。前两年过年期间，一名年轻人从外地返乡，和村里的同龄人聚会赌博，一晚上赌输了十几万元，竟然连眼睛都不眨一下。留在小镇的青年人就此判定，他肯定是干电信诈骗去了。果不其然，2020年他被公安机关抓捕了。

一夜暴富的"示范"作用实在太大。小镇的一些青年，觉得电信诈骗是一个不错的门路。2019年底，公安机关突然通知村干部,阿贵因为电信诈骗被抓了。村干部感到奇怪,因为从来没有听到风声。家长也不相信,说前几天还和他联系过,他自称从事某项工作,怎么突然就被抓了呢?

事后才得知,阿贵因网络赌博欠了20万元外债,实在没法维系生活了,又不想跟家里说,就想搞电信诈骗骗一把。于是,他联系上了一个熟人,顺利偷渡到了缅甸,准备大干一场。没承想,去了才20多天,还没来得及实施诈骗,就被抓了回来。

村里还有两个小青年,也因为电信诈骗被抓捕,经过一番调查,留了案底,被放了回来。同龄人都说,他们也许是已经跟随诈骗团伙到了某个地方,但还没开始"干活儿",而且涉案金额不大,所以没什么大事。

还有一名女青年,也因为从事电信诈骗,被判了一年半。

电信诈骗的诱惑实在是太大。只要走上了这条路,很难再安心工作、居家过日子。他们过惯了有钱人的生活,拿死工资肯定是不愿意的。但要说做生意,又不会。而一旦手里的资金少了,就浑身不自在。要是碰巧有了一点财务危机,就更受不了。他们认为,电信诈骗是一条道。哪怕是晃荡,也要走下去。

村里还有一名从事电信诈骗的在逃人员。此人在村里算是"出道"较早的一个,已经在镇里花了100多万元修建了一栋豪宅,还买了一辆40多万元的汽车。前两年,因为及时收手,没留下证据,公安机关无法将其绳之以法。但侥幸只能是一时的,犯法终归是难逃惩罚的。后来,他在从事淘宝刷单的诈骗活动时,被公安机关通缉了。

如今，就诈骗这个行当而言，越来越被社会各界关注，公安部门对其打击力度也越来越大。但是，没了电信诈骗，也会有别的什么诈骗出现。小镇青年们有自己的圈子，对这一行当的风险还是缺乏足够的认知。如果他们不改邪归正，总有一天会受到法律的严惩。

三、网络赌博

在村里，随便拉一个20多岁的小青年出来，基本上都参与过网络赌博。而在村庄里面因为网络赌博欠债，拆东墙补西墙，最终宣告"破产"的小镇青年，据不完全统计，就有14个。

在村里的小青年当中，几乎没有不欠债的。不过，按照年轻人的说法，欠债10万元以下的，不值得一提。毕竟小青年和他们的父母都好"面子"，不到不得已，是不会暴露出来的。十几万元的债务，一般家庭还是能够承受的。

这些小镇青年，都知道网络赌博的门道。只要你想赌，就可以找到相应的方式。再不行，还有微信红包群这样最简单的赌博方式。

曾经有一段时间，村里的每个小青年的手机上都有十几个微信红包群。他们随时随地都可以赌，随时可能赢得一包烟钱。赌博几乎无处不在。

几乎所有参与过网络赌博的小镇青年，一开始，都是赚了不少钱的，但最后都输得负债累累。因此，小镇青年得出结论，这些网络赌博平台，开始都是故意放水的。

这个道理，其实也很好懂。就如现实当中的赌博场所，一开始都要给参赌的赌徒各种好处。例如，进场就奖励多少筹码，还故意让其赢，输了还能借钱等。总而言之，就赌博场子而言，"不怕你赢，就怕你不赌"，坐庄的人始终希望自己有人气。

不过，也有一些网络赌博平台不讲诚信。村里的一名年轻人赢了9万多元，竟然取不出钱了。这意味着，这个平台的幕后庄家抽手了，不想再玩下去了。因此，村里爱好网络赌博的小青年，都会交流经验。一般而言，小青年不会随便在某个平台赌，而是通过朋友的介绍，在"讲诚信"的、"可靠"的平台里赌博。

尽管十赌九输，但村里的小青年仍然趋之若鹜。赢的时候有巅峰体验，输的时候却甚为麻木。赌输后，一般都是找朋友借钱。这种借贷，不可能多借，肯定有所节制。久而久之，赌徒们发现，其实各种网贷平台最适合借钱。

在2019年之前，网络贷款平台特别多，只要填上身份信息，就可以借钱，并且填的信息越多，如驾驶证、房产证等，所谓诚信度就越高。同时，每个银行都可以办理信用卡。在可以周转的情况下，这些钱其实就是"数字"。这些"破产"的小青年，都是把可以借到钱的地方借了个遍，最后实在周转不动了，才向家人坦白。

因此，只要愿意，哪怕是身无分文的小青年，也可以借个二三十万元。如果银行和网络贷款平台都借不出钱了，朋友那里也借不出钱来了，就到处找亲戚和家人借。到了这个环节，借一次两次可以，再借，没有合适的理由，估计也借不出来了，于是就"破产"了。

从根子上说，小镇青年如此放肆，主要还是有所倚重，他们从未被放弃过。村里的"90后"，基本上都是独子，家庭条件都还不错，至少没吃过苦。从本心上说，家长尽心尽力地为他们提供良好的发展机会。例如，只要年轻人愿意创业，父母亲总会竭尽全力帮忙的。这些小镇青年，几乎都自主创过业，总是要开一个店，做一点生意什么的，但成功的少之又少。

问题是，几乎没有哪个小镇青年愿意进厂拿死工资。在他们看来，只要进厂了，就意味着"没人情"了。工厂有上班制度，不能旷工，也不能随便请假，既没钱，也没时间和同学朋友消遣聚会。这对小镇青年而言，几乎是不可想象的事情。他们要自由，要娱乐，唯独不要约束。

这些小镇青年们的父母，希望子女们走正道。但只要赚了钱回家，大部分人懂得孝敬父母，父母也就睁一只眼闭一只眼。他们好"面子"，更要里子。

有一回，村干部上门做工作，希望涉嫌从事电信诈骗行业的小镇青年的家属，做好子女的工作，在派出所登记一下信息，赶紧退出这个行业，以免酿成大错。结果，有个别父母感觉受到了侮辱，在村民微信群里公开骂村干部，不承认子女从事诈骗勾当。

有一部分小镇青年在"破产"后，才真正成长了。他们或选择到镇里的工业园区上班，或在家里面稳稳当当地做点实业，甚至到城里面打工。只不过，这种成长，却是以整个家庭为代价的。

例如，几乎所有父母都被拖入子女的债务之中。未婚的人，父母不仅要帮忙还清债务，还得努力为其找一个合适的营生，托亲戚朋友，让其去打工，学一门手艺，做点小生意。否则，这些已经"破产"的小青年，连结婚都困难。小青年都很清楚，现如今，谈女朋友容易，无非就是吃吃喝喝。但要结婚，太难了，女孩和她们的家人，要看男方的家庭条件。

一些已婚的小青年，婚姻在不同程度上受到了冲击，跨省结婚的夫妻，离婚的概率很高；本地结婚的夫妻，虽然不易离婚，但是夫妻矛盾重重。

在小镇青年的成长经历里，没有多少穷苦的体验。父母即使再苦再累，也不会让其感受到因穷困带来的生活不易。但他们一旦面临穷困，心理往往难以适应。阿翔"破产"后，心态失衡，妻子还没对他说什么，他却对妻子百般挑剔，自暴自弃地到处吃喝玩乐、拈花惹草，让人唏嘘不已。

过去，农村青年的成年礼是结婚生子。因为一旦结婚生子，就意味着要面对各种责任和压力。而今，小镇青年的成年礼竟然是赌博，最终欠下一屁股债。只要把赌债还清了，节制了自己的欲望，安安心心地赚钱养家，就算是成年了。只是，又有多少小镇青年可以在摇摇晃晃的人生中摆正自己，走上正道呢？

农村生活方式危机

2019 年 5 月,习近平总书记主持召开中央全面深化改革委员会第八次会议,审议通过《关于进一步推进移风易俗建设文明乡风的指导意见》。多年来,各地各部门进行了积极探索,一些地方取得了较好的成效。但从我们的调研来看,多数地方的陈规陋习还是"涛声依旧"。认识当前农村的陈规陋习,需要有新思维;移风易俗需要新方法。我认为,农村移风易俗中的突出问题,本质上是当前农民家庭正在面临的生活方式危机。全面推进乡村振兴,硬件、软件都要抓,移风易俗是一项关涉全局的软件工程,应该被纳入乡村治理的常规性工作,在思想上形成自觉、在制度上形成规范、在风气上形成氛围。

本调研在已有案例和数据的基础上,描绘当前农村生活方式的主要危机,分析其产生的原因,并结合各地移风易俗的经验做法提出干预对策措施。

一、当前农村生活方式危机的主要表现

从调研的情况看,全国各地都存在陈规陋习的突出问题,但

存在一些规律性的区域差异。高价彩礼等问题在我国华北地区表现比较突出；而人情攀比、铺张浪费、厚葬薄养等问题则在我国中部地区表现突出；农村赌博泛滥问题在我国中部地区和南方地区都普遍存在。

（一）华北等部分地区高价彩礼严重，且呈扩散趋势

高价彩礼主要在我们华北地区和江西省等婚姻市场（经人介绍的婚恋）比较发达的地区比较突出。这些地区的彩礼普遍在20万元左右，少数地方达到30万元。并且，最近10年时间，彩礼和婚姻成本普遍增加了2至3倍。值得注意的是，有高价彩礼的地区还在继续扩大，一些以前并没有高价彩礼的地方，也逐渐出现了高价彩礼。例如，闽西一些地区，因为受属于同一婚姻圈内的江西省高价彩礼的影响，彩礼数额也在提高。课题组在武汉市的郊区发现，该地的彩礼数目还不算很高（10万元左右），但彩礼性质发生了改变，从过去的象征意义转变成了功利目的，群众有极大压力。

此外，"有房有车"成了大多数农村地区婚姻缔结的"标配"。很多地区的婚姻压力并不仅仅源自高价彩礼，而是来自进城购房、买车的压力。课题组调研的县城中，其房价差异不大，县城的一套商品房为100万元左右，即便是首付也需要30万元左右。新车一般需要10万元左右。课题组详细统计了河南省某县最近10年婚姻成本的变化（见表1），发现结婚成本增加了2至3倍。该县的高价彩礼现象具有典型性，课题组在华北其他地区和赣南等

地区的调查,数据差异不大。

表1　河南省某县农村婚姻成本统计表(单位:万元)

年份\名目\金额	订婚	看好(确定结婚日期)	走亲戚	上车礼	三金/五金	婚庆	房子	车子	合计
2012	1	0.3—0.5	0.1—0.2	0.2	1	无	20—30	无	30—40
2021	12—18	2—3	1	1—6.5	2	1—2	80—100	10	100—130

(二)两湖平原等地区人情攀比现象严重

从调研看,人情失序问题在两湖平原、武陵山区较为严重,涉及湘、鄂、黔三省。这些地区经济并不算发达,农民家庭年收入在5万—6万元。但普通家庭一年的人情负担一般都在2万—3万元,占据了农民家庭收入的一半左右。对于贫困地区的弱势家庭而言,人情支出是家庭困境的主要影响因素。

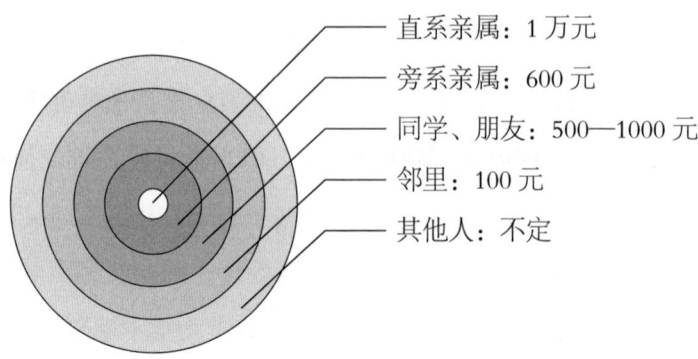

图1　武陵山区某地区的人情礼金圈层结构示意图

图 1 是武陵山区某地区人情礼金的圈层结构示意图，当地属于经济欠发达地区，但人情负担极重。某贫困农户是一个三口之家，孩子才 6 岁，妻子患有抑郁症，丈夫无稳定工作，年收入 3 万元左右。但 2021 年上半年，该户人情开支就达到了 7000 多元。该户男主人说，自己家算是送得少的，"因为家里穷"。

人情攀比的主要结果有：一是人情礼金逐年上涨。例如，处于洞庭湖平原的岳阳地区，一般关系的人情礼金从 21 世纪初的一二十元涨至现在的四五百元，上涨了 20 倍左右。贵州省铜仁市经济欠发达，但人情礼金数额极大，亲戚间的人情礼金普遍超过万元。二是人情名目繁多、酒席频繁。在湘、鄂、黔的部分地区，近年来的人情礼金名目繁多。除了传统的酒席名目外，还有升学酒、立龙门（修围墙）酒、立（墓）碑酒、开业酒等。另外，还盛行"无事酒"。例如，这些地区的孩子只要高中毕业，无论升学与否，都会办一个升学酒；小孩子的生日、周岁、6 岁、10 岁、12 岁等，都可以办酒席。武陵山区某户人家的母猪下了 18 头小猪，主人认为是喜事，也办了一次酒席。我们在两湖平原地区调研，一些农户办起了"无事酒"，即只接客，但不提供任何理由。某农户为了办酒席，在其父亲 88 岁的时候就提前给他办了 90 岁生日酒，理由是"感恩父亲"。但当地村民评价，他对父亲并不孝顺，"其实他兄弟 4 个，但还让老父亲单独住在一间平房里"。一个村民在 60 岁时没有办酒席，为了捞回成本，就在 62 岁时办了 60 岁寿宴。

（三）两湖平原等地区铺张浪费现象严重

人情攀比比较严重的地方，也是铺张浪费较为严重的地方，两者相互影响。虽然北方酒席也有讲究，如陕西某地的酒席需要有"九品菜"（9道凉菜），还要有热菜，一共是24道菜。但其他的烟酒消耗比较少，每桌酒席费用大概360元，浪费的空间不大。但南方的酒席浪费比较严重，尤其是湖南的很多地方，酒席讲排场、讲档次，每桌费用标准都在700—1000元。例如，湘中的酒席流行10—11个大盘菜。大盘菜的分量足，一份猪肉一般需要5斤肉，一份猪蹄有8个（一开二），一条草鱼有三四斤，一只整鸡也差不多有三四斤，鸡蛋也要8个，浪费极大。此外，南方的酒席都有烟、酒、饮料等消耗品。我们在湖南衡阳、岳阳、长沙和常德等地调研发现，烟酒等消耗品占了酒席成本的1/3左右。

表2　两湖平原某农户过寿消费情况统计表（2019年）

过寿花费（50桌）			人情收入（50桌）		
名目	金额	备注	类别	金额	备注
酒席	5万元	1000元/桌，共50桌	至亲	上万元	每桌（10人）的人情收入平均为3000元
拱门	2400元	80元/个，30个	亲戚	数千元	
花鼓戏、露天KTV	2000元	花鼓戏、露天KTV，二选一	好朋友	1000元	
招待	5000元	槟榔、瓜子、香烟	邻居	500元	
总计：约6万元			总计：约15万元		

铺张浪费的另一个表现是，农村举办仪式普遍存在比排场问题。在两湖平原的红白喜事中，存在一种制造热闹气氛的产品。如鞭炮、拱门、彩球、乐队等，已经成为仪式的一部分。在丧葬仪式中，亲戚前往吊丧，除了要上礼金，还需要送鞭炮、花圈，租拱门、KTV乐队、地方戏团（如花鼓戏），主要目的是给主人家争脸面。鞭炮放得越多，拱门竖得越多，花圈越多，乐队来得越多，则"面子"越大。在红事中，除了花圈用不上，其他的热闹产品都存在。

（四）全国各地不同程度存在厚葬薄养现象，部分地区问题突出

从全国的调研情况看，农村已经慢慢形成了"自养"秩序。《2021中国统计年鉴》显示，2020年全国"一代户"（独居、夫妻二人和空巢）的比重较10年前上升了15.33%，达到49.5%，说明农村家庭养老功能慢慢弱化。农村自养秩序在客观上表现为，无论在经济上还是在日常照料上主要依靠自己的积蓄、亲戚的馈赠和养老金；在主观上，这些地区形成了一种老年人自己照顾自己的意识。在两湖平原，农村高龄老年人患病或失能以后，其日常照料和治疗等存在较大困难。

我国一部分农村地区有极其明显的自养秩序，但对丧葬仪式极为重视。例如，湖南某地厚葬现象极为严重，一场丧事办下来需要花费10万元左右。主要原因是，丧葬仪式的消费高，当地形成了发达的丧葬产业，包括筵席队、鼓乐队、花鼓戏队、和尚

道士队、哭丧唱孝队、灵堂租赁队、纸人纸屋队、八仙鼓（中式乐器）队、仪仗队、醒狮队、十六大金刚队等。每一个队伍都对应一笔不小的开支。为了显示热闹，烟花爆竹也需要很大一笔开销。一般家庭要花2万元左右，条件好的家庭要花费3万元。除此之外，在葬礼现场安装充气的大拱门、狮子、氢气球，也可以给主家脸上增光，有的家庭为了显示气派，亲戚朋友们会送上四五十个氢气球。

北方部分地区也有厚葬薄养现象。例如，陕西某地在移风易俗前，一场白事办下来，有17个环节，每一个环节都安排1—3人帮忙，耗时耗力。我们在河南郑州、开封地区调研，发现当地有较为发达的农村歌舞团市场，每一个歌舞团需要5000—10000元。有些人家会请两个歌舞团，唱对台戏。

（五）南方地区农村赌博现象普遍，呈现日常化、休闲化特征

农村赌博的区域差异极其明显。南方的农村赌博极其普遍。我们在湘、鄂、赣、闽、粤等地调查发现，打击赌博是地方公安机关的重要任务。农村赌博形态多样，牌九、麻将、赌博机等，一应俱全。这几年网络赌博泛滥，部分地区的年轻人陷入其中，家庭因此陷入"破产"境地。

南方和中部地区的农村赌博已经日常化和休闲化。例如，中部地区某个普通乡镇（2万人口），却有100家左右的茶馆。其中，拥有十几台麻将桌的大型茶馆，有40家左右。这些大型茶

馆一天的输赢在 1000 元上下。这些茶馆会提供"一条龙"服务，免费为客人提供中餐和晚餐、免费接送，还帮忙照看小孩。绝大多数有规模的茶馆，甚至提供借贷服务。

我们在闽西某村调研发现，该村共有 100 多名青年，大多数都接触过网络赌博。其中有 14 名农村青年欠下巨额赌债，少则二三十万元，多则三四百万元。这些年轻人因赌博而陷入"社会性死亡"境地，其家庭也被拖入贫困状态，有 2 人因此离婚。

二、农村生活方式危机的主要原因

农村生活方式危机的产生有深刻的社会根源。进入 21 世纪以来，中国农村生活方式转型表现突出，乃至兴起了一场"生活革命"。移风易俗中的突出问题本质上是生活方式转型的"意外"，以文化失调形式为主要表现的危机。生活方式危机和家庭、代际关系、生活方式变革都有关系。

（一）农村生活方式危机源自家庭再生产危机

客观上来看，生活方式危机也是家庭再生产的危机。家庭再生产的不同阶段，会生产不同类型的危机。例如，结婚。子女结婚历来是家庭发展的最关键环节，也是家庭危机的爆发点。部分地区的高价彩礼，是多重因素综合作用的结果。第一，性别比例失衡现象比较严重，导致传统婚姻圈中，男性在婚姻市场中的竞争激烈程度加大。第二，农村家庭有比较明显的"代际剥削"机制。父代有极强的人生任务观念，认为帮子女结婚成家是父母的任务，而且是父母人生圆满的前提，故而，父母普遍愿意为子女结婚投入大量的家庭资源。第三，经济欠发达地区，是女性流出地，这进一步加剧了婚姻市场的竞争。

（二）生活方式危机是社会资源分配不均导致的结果

在当前的农村代际关系中，一方面，父代对子代的任务从抚育阶段进一步延伸，而子代对父代的赡养责任却不断减少，代际关系严重失衡。父代不仅将子女结婚当作人生任务，而且几乎所有子代家庭进城购房、子女教育和创业，都有父代的支持。多数地区，在城镇拥有一套住房已经是农村青年结婚的前提。哪怕是已经结婚有住房，为了子女教育，也需要在城镇购房。而为了子女能够适应城市生活方式，购车、孙辈教育投资（培训班）等，父母都还要全力支持。如果子代没有稳定工作，需要创业，父母也得帮忙，提供创业基金。从调研结果来看，人情攀比、铺张浪费现象和父代需要通过人情往来积累财富有密切关系。另一方面，随着人均寿命的延长以及老龄化社会的到来，家庭代际链条得以延长。农村家庭形态从"三代家庭"演变为"四代家庭"。有限的家庭资源无法反馈到祖辈，这是厚葬薄养的深层原因。

（三）生活方式危机是时空被压缩的结果

当前，农村家庭需要在极短的时间内通过城镇化实现"生活革命"，生活方式转型具有时空被压缩的特点。一是家庭资源挤压导致生活方式危机。农民家庭的城镇化不仅意味着居住空间的城镇化，还意味着接受一套比传统乡土生活成本高的生活方式。在家庭资源有限的情况下，家庭积累及可预期收入的大部分都将被投入实现和维持都市生活方式的过程之中。二是村庄公共生活失范导致生活方式危机。在快速城镇化的进程中，家庭周期具有不确定性。例如，子女结婚以后，不必分家。因此，"家"变得极其不稳定，人情往来和互助合作很难有稳定预期，地方性规范也难以维系。事实上，人情攀比、高价彩礼、铺张浪费、厚葬薄养等现象，都是违背社会生活伦理的，它们突出地表明了地方性规范的瓦解。三是伦理性危机导致旧有的生活方式出现危机。当前，农村老人已经形成了一套"自养"秩序，其中最大的伦理支持便是"恩往下流"。一些农村已经形成了一种"不给后辈增加负担、增添麻烦"的思想。这种思想不仅被老年人接受，也被中年人和年轻人接受，以致"养儿防老"不再是家庭价值的内涵。这导致厚葬薄养等现象的频发。

三、移风易俗的经验和策略

从总体上看，当前农村生活方式危机是伴随着农村社会正在发生的巨变而出现的。这主要是旧的生活方式尚未瓦解、新的生活方式又未形成所带来的文化失调现象。再过 10 年左右的时间，我国的城镇化基本完成时，这些问题自然就会消解。而厚葬薄养、农村赌博等陈规陋习，则具有长期性，并不会随着生活方式转型而消失。如果不积极介入，不提前作好准备，这些问题还会进一步加剧。因此，应对生活方式危机，移风易俗是有必要的，而且需要有系统的政策规划。

近年来，各地都在开展移风易俗活动，有些地方取得了较好的成效，但一些地方没有建立长效机制。根据正反经验来看，针对移风易俗有以下几个对策建议：

（一）移风易俗要和地方性规范有效衔接

有些地方的风俗习惯具有较强的公共性。例如，红白喜事都有地方上的权威人物参与，并且有较强的互助性。我们调研的陕西、山东、河南、福建等省，红白喜事中，尤其是白事都有较强的公共性。这些地方举办风俗礼仪都有较强的地方性规范，其规范的实施又依赖地方性权威。因此，只要地方权威对礼仪流程进行调节，人情攀比、铺张浪费、厚葬薄养等现象就不太容易产生。典型的案例，在闽南地区，地方政府还没有提倡移风易俗的时候，某些村委会和地方的宗族就主动限制人情攀比和铺张浪费的现象。同样，在福建、广东、江西、广西等地区，也有较强的地方性规范，哪怕是出现了攀比和铺张浪费的苗头，风俗礼仪的核心功能仍然会保留。并且，一旦地方政府积极介入，与红白喜事相关的民间组织就容易建立起来，地方权威就可以发挥真正的调节作用。

（二）移风易俗需要有综合治理的方法

两湖平原的地方政府对人情攀比采取了非常多的措施。例如，组建红白理事会、党员干部带头等，但大多数地方出现了反弹。例如，2019年湖北省公安县和湖南省桃源县都采取了措施治理人情攀比的问题，对红白喜事的规模进行限制。湖南省长沙县的经济实力比较强，该县在2019年出台奖励政策，办5桌以下酒席奖励4000元，办20桌以下酒席奖励2000元。第一年，这些地区的移风易俗行动取得了一定效果，群众办的酒席数量减少了很多。但根据我们现在的跟踪调研，当前这些地方的人情攀比，已经恢复到了治理之前的状态。但比较理想的是，这些地方的铺张浪费得到了一定程度的遏制，如放鞭炮、树拱门等，可以通过环保、城管交通管理等方式适当介入。

我认为，移风易俗需要久久为功，总体原则还是可以采取"党建引领+社会自治"的办法。对于还有地方性规范的地方，只要党委和政府有文件依据，且发挥基层党组织的战斗堡垒作用和党员的先锋模范作用，并积极发挥当地有威望的人的作用，就可以产生积极效果。我们调研发现了一个极其典型的案例。江西省崇义县流行厚葬薄养问题。当地党委和政府为了移风易俗，找准对象，民政局通过开办学习班的形式，进行政策宣讲，引导移风易俗工作。结果，当地的移风易俗取得了显著效果。

如果地方性规范不强，原子化程度比较高，也要尽力重建基层社会组织。在湖北省宜昌市夷陵区的普溪河村，当地的乡镇党委和政府不仅建立了红白理事会（主要由乡镇人大代表和老村干部组成），还重建了老人会（以小组为代表，主要由有威望的中老年人组成），由此建立了完整的社会自治组织。客观上，当地的红白喜事本来就是有红白理事会和老人会的成员参加，其监督和引导的作用也可以持续发挥。

（三）善于利用法律政策

农村赌博等问题虽然属于移风易俗的范畴，但它们都是违法行为。因此，对这类违法犯罪行为，需要运用法律手段予以坚决打击。我们在调研中发现，只要正确使用法律手段进行震慑，赌博现象是可以抑制的。例如，地方公安机关可以对茶馆的营业行为进行规范。我们在调研中发现，有些地区要求茶馆不能超过4张麻将桌，否则就要受处罚。这一规定，对引导社会风气起到了关键作用。

我们在不经意间跨过了一个时代

2021年7月1日，习近平总书记在庆祝中国共产党成立100周年大会上宣告，经过全党全国各族人民持续奋斗，我们实现了第一个百年奋斗目标，在中华大地上全面建成了小康社会。

我是一名"80后",出生在闽西革命老区(发展相对落后的地区),年少时有过吃不好、穿不暖的经历。而最近10多年来,主要从事乡村调查工作,专门搞社会观察和基层治理研究,在全国近20个省(自治区、直辖市)开展过调查工作,很清楚消除贫困、全面建成小康社会对中国人民而言意味着什么。我们在不经意间跨过了一个时代,从贫穷社会进入丰裕社会。我这些年的研究聚焦于中国社会的巨变,总绕不开"时代"这个词。如果以时代巨变的视野来看,其实,个人经历是一个严肃的学术问题。

"80后"是时代巨变的亲历者,经历了实现第一个百年奋斗目标的过程。在我的人生记忆里,20世纪80年代有点模糊,但对20世纪90年代的记忆异常清晰。2021年春节期间,我和家人在清理老物件的时候,无意间发现,我家在1997年是贫困户,享受了政府1000元无息贷款的帮扶。我仔细询问母亲,得知父亲当年用这笔钱买了种猪,发展了生产,再加上哥哥、姐姐们陆续从学校毕业,家庭负担也轻了一些,生活开始有了起色。

在我们这一代人的人生经历中,20世纪90年代已经过去,但它孕育的社会记忆栩栩如生。从学术的角度来看,20世纪90年代出现了诸多社会危机,如工人失业、农民负担重、基层腐败等社会问题都比较突出。以至于,"农民真苦,农村真穷、农业真辛苦"成了社会关注的议题。但进入21世纪以后,中国废除了农业税,开启了"以工补农、以城带乡"的发展新时代。

我是一名研究社会学的学者,习惯于从结构、制度、文化等专业视角去理解个人经历。1997年,国家给我家扶贫贷款,是我家命运的转折点吗？也许是，但不尽然。在国家发给我家的1000元贷款里，有500元用来还家里欠村集体提留和修路款。这是结构的力量，其实，彼时的中国没有那么大的能力来彻底解决贫困问题。这是因为农村的教育、医疗、交通、水利等基本公共服务，都需要由基层自筹。而当时的贫困问题并不是少数人的"专利"，而是大多数人都在遭遇的问题。因此，贫困治理的主要方法只能是开发式扶贫和整村推进，让农村地区发展起来，让所有的农民都能普惠性地享受到农村发展的红利。哪怕是针对一家一户的"精准帮扶"，也要优先解决大多数人的问题。而针对贫困户的有限帮扶，也许可以解燃眉之急，却很难拔除穷根。

但是，从另一个角度来看，1997年的确是我们家命运的转折点。那一年，我考上了重点中学，成了全家的希望。1996年，大姐去厦门打工。只是那时工资低，还被老板骗了，第一年没有钱寄回家。但到了1997年，大姐和二姐都去务工了，还把钱寄回来。我高中三年的学费和生活费，就是两个姐姐给的。1998年，大哥也去珠江三角洲地区务工了，家里的生活条件确实有了很大改善。我上大学本科、硕士和博士，都是哥哥供的。我记得，那几年过年期间，家里讨论最多的话题就是"今年要还多少债，再过多长时间就可以不欠债啦"。一家人为了摆脱贫困，团结奋斗，那真是幸福的经历！

今天，中国农村家庭普遍形成了以代际分工为基础的"半耕半工"的家庭生计模式。在这一模式之下，年轻人在城市务工，老年人在农村务农，他们为共同的家庭发展目标合力奋斗。如今，这种家庭生计模式，已经全面被改造成为中国社会的细胞。在写这篇文章之时，我刚刚完成了一篇论文，用"一家两制"来概括中国农民生活方式的变迁。站在2021年来看，中国农民的命运和中国共产党的努力，关系是如此紧密！

我的曾祖父是一个精明的手工业者，在新中国成立之前，曾经拥有小型铸造厂、造纸厂和百货店，也曾雄心勃勃地买田买地修建大房子。但在旧社会，因为没有稳定的发展环境，家族生意竟然因其被盗匪绑票而一落千丈。到新中国成立时，祖父家已经是一户名副其实的贫农了。

如果没有中国共产党领导人民进行革命，建立独立自主的新中国，建设中国特色社会主义；如果没有中国共产党在新中国成立以后领导人民节衣缩食建立完整的工业体系，为中华民族伟大复兴奠定基础；如果没有改革开放后城镇化和工业化这一巨大的历史推动力，我家要摆脱贫困，千千万万个像我家一样的普通农村家庭要告别贫困，是不可能的。

20世纪90年代初，村里的大礼堂还放映电影。每年年末，村委会都会组织放映一场免费电影，在电影放映之前，村干部会发表讲话，介绍村委会一年的工作情况，也算是一次村民大会。我记得有一次，村干部在大会上说："我们村已经实现了小康！"他的说法应该有依据。我老家是一个山村，才有1000多人，但植被极好，山林面积有4万亩。那几年，农村市场经济比较活跃，管理也比较混乱，村集体和村民都在砍伐树木。按照当时的条件来看，群众都觉得日子好过了，至少不存在吃不饱、穿不暖的问题了。但好景不长，没过几年，山林资源就被消耗殆尽，村民只能外出务工寻找出路。总之，因为没有可持续的收入，好不容易进入小康的村民，很快就面临再度陷入贫困的窘境。

从20世纪90年代以后，越来越多的村民迁出山村，在城镇购房定居，越来越多的村民外出务工、经商。我的兄弟姐妹和绝大多数乡亲，早就摆脱了贫困。极少数贫困户，也在这几年的脱贫攻坚中摆脱了贫困。老家的村庄也变成了美丽乡村，我小时候居住的老屋在家人和政府的努力下被修葺一新。

由此可见，一个家庭、一个村庄的小康生活理想，其实是建立在国家发展基础上的。过去几年，党和国家投入了大量的资源开展精准扶贫工作。某种程度上，这些工作是建立在100年来中国共产党形成的政治制度优势的基础上的。例如，党的全心全意为人民服务的根本宗旨，使脱贫攻坚具有天然合法性，具有广泛社会共识。而党的集中统一领导的政治优势，为凝聚全社会力量开展脱贫工作，集中力量办好脱贫攻坚这件大事，提供了强大制度支撑。

最重要的是，20世纪80年代以来，党和国家对脱贫工作持续不断的努力，已经让贫困问题从普遍性的问题变成了深度贫困地区和特殊人群的特别问题，这为精准扶贫奠定了历史和经验的基础。这几年，我在追踪研究中国的反贫困治理经验，阐述了脱贫攻坚的制度优势，发现了基层在精准扶贫过程中存在的一些官僚主义、形式主义问题。

回顾我的人生经历，我发现党的百年奋斗路和我这样一个普通人、我家这样一个普通家庭的命运的联系是如此紧密。父亲于2020年11月去世。他生于1948年，差不多和新中国是同龄人。他在去世前，多次对我们说，他前半辈子受过不少苦，没承想，后半辈子能过得这么幸福。我想，他的人生，何尝不是新中国发展的一个缩影呢？他们那一代人，年轻时为了社会主义事业战天斗地，修水库、开公路、整农田，身体或多或少都留下了创伤，他时有怨言。到中年时，他碰上了改革开放，为了摆脱贫困实现小康，挥洒过汗水。进入新时代以后，他早早地"退休"在家休养，能晚年幸福。当然，他受益于这个美好的时代。

2021年是我从事田野调查工作的第16个年头，在乡村田间地头和城市街头巷尾，见识了三教九流各色人等，体会了基层社会的复杂多变。但是，社会学关心社会失序的现象。例如，我观察过乡村干部、城管、警察、纪检、信访等基层工作者，对微腐败、恶俗文化、赌博等基层失序现象也有过观察，还对上访者、钉子户、小贩等边缘人群作过研究，也关心暴力、规则等问题。

处于巨变中的中国社会，问题很多，却总能平稳过渡。中国的实践已经打破了一些理论成见，"在发展中解决问题"是中国式现代化的重要经验。我想，从根本上这得益于中国共产党的强大领导力，得益于中国共产党领导下的中国人民的不懈奋斗。

父亲的一辈子，
是中国农村改革史的缩影

2021年农历九月二十五，是我父亲去世一周年的忌日。依照礼俗，亲人须于二十三在墓前祭三牲、烧纸。兄弟姐妹都于二十二晚赶回了老家，二十三上午便带上祭品上山祭奠。

站在父亲坟前，当谈及父亲的生前过往时，我们都感叹，父亲算是度过了一个幸福的晚年。父亲在49岁的时候宣布"退休"，过上养老生活。他唯一的理由便是子女已经长大了，不用他照顾了。那时，家里的经济条件并不算好。兄弟姐妹还在外打拼，哥哥姐姐刚成家，但并未立业，我还在读书，妹妹还小，初中毕业后外出务工。家里还有负担——家里之前欠的债务、我读书的花销等。但是，从我上高中起，哥哥姐姐就负责交我的学费和生活费，父债子还是不用讨论的。村里人说他命好，多少都有点羡慕、嫉妒的意思，他自己不负责任，却生养了几个懂事的子女。但是，乡亲们都认可这一行为的正义性，养儿防老是天经地义的事情。而我们做子女的也没什么好说的。小叔比父亲小10岁，他在临近60岁的时候跟我说，他必须在60岁之前"退休"，否则会被人笑话死。

父亲的这一"壮举",因为我的讲述而成了我们团队认识南方宗族社会的典型案例。确实,父亲的这一行为,在乡村巨变的过程中,显得如此突兀,却也弥足珍贵。在我国中部地区,和他同龄的老年人正面临着养老危机,连带着增加了儿女的生活压力。而稍后几年,北方一些地区也在面临以高价彩礼为代表的家庭危机,中年人不惜透支未来完成子女结婚这个人生任务,老年人也不得不面临代际关系变化所带来的心灵冲击。进入21世纪以后的中国乡村,虽然顺利实现了转型,却终归付出了一定的代价。而父亲那一辈人,是这一代价的承受者。但是,他和他的大部分同辈乡亲,却可以安然度过晚年,算是幸事。

中国已是小康社会,物质文化日益丰富,这应该是父亲那一辈人的深切感受。从20世纪90年代起,乡亲们便陆续从村子里搬到镇里,大哥也赶了个末尾,于10年前在镇里盖了一栋房子。大哥一家都在深圳生活,其实这算是父母亲的养老房。父亲刚搬到镇里时,信誓旦旦地说他就过年住一下新房,平时愿意住村里。没承想,在新房住了一段时间以后,他却彻底打消了回村养老的念头。因为,他发现,镇里生活方便,熟人也多,晚年生活丰富多彩。简单地说,城镇化并没有打破其社会网络,反而增强了其社会资本,连多年不来往的中学老同学也经常走动了。他在离世前几年,身体不好,偶尔会对我回家少有意见,但日常生活却极其丰富,精神满足感也很强。

道路通向城市,是年轻人的梦想和归宿。大哥仅仅是在小镇里建房"进城",哪怕他们一年住不了几天,父亲母亲也觉得很高兴，认为这是子女有出息的表现，这也是其晚年幸福生活的物质和精神支持。毕竟，留在空心村里的，差不多都是老弱病残了。普通人在物质需求和精神需求之间，的确难以匹配。但从家庭整体而言，却是可以的——年轻时的精神意义，往往在于为物质富足而奋斗；年老时的精神满足，源自子女的奋斗和年轻时的无悔青春。

父亲的后半生过得有点悠闲，甚至于懒散，但前半生极为奋进。他 1964 年初中毕业，然后就回到村小学的一个教学点做代课老师。在计划经济时代，这是一个不错的出路。我长大后，他常常向我描述那一两年的幸福时光：白天上课，傍晚和凌晨去搞副业——那个教学点的生产队为了照顾他，专门给他分了一片松树林，他利用课余时间割松脂卖松油，就可以赚不少钱。这应该是他的一段物质和精神都极其自由的时光，做自己喜欢做的事，而且有奔头。乡亲们对父亲的评价还很高，我听长辈偶尔闲谈他的过往，他年轻时意气风发，眼光很高，"调皮得很"，普通姑娘他都看不上。

但好景不长，他只当了一年多代课教师，大队就不让他干了。按他的分析，爷爷是"封建大把头"，正受批斗，他当然也就没办法在这个岗位上待着了。再说，村里想做这事的人，可不少。他回到生产队后，立马就赶上了修水库。天寒地冻，他在水里泡了一段时间，回家就大病一场，在床上躺了几个月，差点死去。幸亏奶奶对他精心照料，每天端粥水喂他，还有本村一个中医锲而不舍地用药，他竟奇迹般地活了下来。但此后，他也就落下了风湿，身体羸弱。他每次和子女说起这段经历，总会落泪。有一次，我和他顶嘴，他向大姐倾诉，边说这件事边掉眼泪。

对于个人而言，人生经历都是由一系列的偶然和瞬间构成的，但对于国家而言，这些事件背后却是社会工程塑造的必然结果。南方聚族而居，国家在村庄中的治理实践，难免以家族政治的形态出现。曾祖父和兄弟在新中国成立之前苦心经营，置办了田地和房产，并开办了铸造厂、造纸厂，还经营了几家百货店，算是村里的显贵。祖父长得人高马大，性格顽劣，从小就是家族斗争中的急先锋，并留下了"藩王"的诨名。在祖父一辈人中，他也就顺其自然地成了所谓的"族长"。但在新中国成立之时，我们家族早就家道中落了，大家都是贫农和下中农。但在大家族中，兄弟妯娌甚至小孩之间的纠纷，难免转化为政治斗争的理由，祖父是旧社会族权的象征，甚至在新社会还习惯于对家族子弟吆五喝六，主持公道，成为被批斗的对象也就在所难免。从不当代课教师的那一天开始，父亲应该受祖父的影响，一直被不甘、隐忍又无奈的心绪笼罩着。

非常幸运的是，父亲在 26 岁时娶了母亲。母亲一生体谅他，承担了家务，年老时把他照顾得无微不至。母亲性情温和，心地善良，人缘甚好，倒也抚平了父亲的些许不甘和无奈。那时，母亲的叔叔是甚有声望的大队长，他对祖父和父亲的评价很高，父亲和母亲结婚以后，也对我们家照顾颇多。至少，在当时乡亲们的眼中，我们家应该不算是受欺负的对象。父亲也担负起了家庭责任，和大伯（其实是二伯，大伯幼时夭折）、三伯分了家。之前他和奶奶、小叔以及母亲、大姐、大哥等过了几年，直到二姐出生后，小叔要结婚，我们家才和小叔分家。

我长大后，父亲和小叔都会不时谈起当年一起过日子的"日常"，他们相互之间有怨气，都觉得自己付出得多。母亲则客观一些，说小叔非常勤奋，会钻营。想必，父亲的负责任是实情，那么大一家子的生活需要打理，他是家庭主要劳动力，当然是起早贪黑地奔波。但小叔的勤劳是有目共睹的，他确实为这个大家庭贡献了自己的力量。他们的"怨气"，无非是源自两兄弟分家时的微妙而不可言说的琐碎之事。只不过，这终归没有影响兄弟之间的感情。我小时候，小叔家的日子好过一些，有一年过年，小叔还抓了一只公鸡给我家。

父亲这一代人，是从苦日子里熬过来的，也是从大家庭里走出来的。他们未必有多高的觉悟，或许也没有为社会主义事业而奋斗的认知。但他们确实是为各自的家庭奋斗。乃至于，我们兄弟姐妹从小到大在他那里受到的教育是，一个人只要勤勤恳恳，总归会熬过苦日子的。并且，家庭和睦，量大福大，那才是家庭的经营之道。父亲虽然生活在农村，却很少参加生产队集体劳动，都是自己搞副业，然后给生产队交副业款。因此，虽然辛苦，他的日子在当时也不算差，关键是有自主性，时间可以由自己安排。分田到户后，他很兴奋，拉了满满一拖拉机化肥往责任田里倒，结果把禾苗烧死了——他根本就不会种田。在我儿时的记忆里，我们家的禾苗不如别人家的禾苗长得好，尤其比邻居五叔公家的产量低。

他搞副业倒是得心应手。所谓"副业",就是靠山吃山,做木材生意。改革开放后,他是村里第一批做木材生意的人。他请人砍树、把树锯成木板、再运到广东市场上卖。客观上,木材生意的利润主要源自灰色利益。例如,少批多砍。并且,木材是有专营管理的,但广东市场的收购价比福建的高,他就得请人开着拖拉机在夜黑风高的时候把木柴偷偷运到广东。他不算是有经营头脑、有胆量的人,之所以这么做,无非是因为这一灰色市场一直存在,甚至在计划经济时代就很发达。事实上,他的交易对象,就是我们家在广东的亲戚,以及他长期交往的朋友。

父亲的副业生涯给了我非常多关于农村市场的启示。其实计划经济时代,也有发达的市场。一个落户到我们村的干部家庭,男主人被大家称为"老沈",女主人被大家叫作"李嫂"。他们家和村民打成了一片,李嫂因为有文化又有胆识,便成了诸多干副业的领头人。例如,谁家有山货运输到广东,她就可以组织一帮妇女半夜"挑担",在生产队干活之余赚取额外收入。而改革开放后,虽然市场经济开放了,却时时受到政策的影响。同时,农副产品的利润,又比较低。父亲虽然是"老板",但其收入未必比那些靠劳动力赚取劳务收入的人多。

20 世纪 80 年代是父亲的另一个人生辉煌时刻。那时,国家搞政策放活,他如鱼得水,家里的生活条件逐渐好了些。他和母亲信心满满地打了地基,准备好了材料,准备盖一栋两层的四室一厅的楼房。但临到盖房的时候,发现存款只够预算的一半。母亲主张先盖一半,他则不愿意这么做。结果,这栋楼房就再也没有盖起来。原因就在于，他和母亲无论怎么努力，都只能维持基本的家庭再生产。我们这一代有兄弟姐妹五人，我的两个姐姐和哥哥是"70后"，我和妹妹是"80后"，大姐小学毕业早早就出来工作帮衬家里，而其余四人都在20世纪90年代遭遇了"最贵学费"——我后来从事"三农"研究才知道，20世纪90年代中后期，恰恰是中国农村普及义务教育和交通建设的高潮，哪怕是在家乡这个山区，农民的负担也不轻。

20世纪90年代，是我们村发展的"高峰期"，家家户户都在砍树，将几百年老祖宗留下的山林资源都换成了现金。因此，只要有劳动力，就可以赚钱，在镇里盖楼房。客观地说，我们村因为山林资源丰富，是小康村——这是村干部正式在村民大会上宣布的。但父亲的身体却不适合干重体力活，我家也就没有分享到这一波"发展红利"。

1997年，我初中毕业考入县一中，大哥高中毕业就出来劳动了，二姐比我早一年初中毕业，后来跟着大姐去厦门务工了。政府扶贫虽然是雪中送炭，但家里条件其实已经开始有了好转，至少负担没那么重了。尽管如此，我仔细回顾了一下，我家之前成为贫困户，是合情合理的，毕竟我家是全村最贫困的家庭之一。

但是，父亲在哥哥姐姐们开始有劳动收入后，产生了"退休"的念头。他也曾跟随村民发展养猪业，做这个产业相对轻松，适合他，但行情并不稳定，并没有赚钱。幸好家里没有负担，赚的是他的，赔了由哥哥姐姐们垫付，所以他的日子过得很逍遥。这种逍遥日子，一直持续到他去世。

他晚年的幸福，归根结底还是要感谢这个时代。最近十余年来，镇里的工业园区建起来了，妹妹和妹夫可以在家门口就业了。父亲和母亲从村里搬到镇里后，妹妹和妹夫的及时照顾对提升两个老人的生活质量，发挥了不可替代的作用。父亲生前总是感叹，女儿比儿子强，幸亏有了妹妹和妹夫。当前中国老年人的养老，物质支持是一方面，但最难解决的问题是生活照料和精神慰藉。毕竟，在城镇化的进程中，哪怕物质生活再丰富，城市也不是大多数农村老人养老的理想之地。父亲晚年的幸福，源自一系列制度支持，如未打破熟人社会的城镇化、在地就业等。

2020年9月，我陪他去医院。那时，他身体很弱，没办法走路，只能坐轮椅。他患心血管疾病多年，现在回想起来，其实他那个时候已经有心力衰竭的症状了，只是我不太懂，未曾注意而已。我还想着带他到处走走。我们约好，国庆期间请他来武汉小住一段时间，看看子女的生活状况。在我陪他住院的那几天，有一次，他坐在病床上，跟我轻声说："人总有那么一天的。"我知道他说这话的意思，但我没接话，觉得那一天还很远。没承想，国庆期间，他因身体不适，没来成武汉，国庆过后不久，他就突然走了。

父亲走后，我问母亲和妹妹，生前他是否留下交代？母亲说："没有，没有任何遗言。"看来，他未曾留下遗憾。

父亲是一个极其普通的农民，生前，我和他交流得不多。但他是我体验人生、理解中国乡村变化的源泉。我性情闲散，偶尔不思进取，师长、朋友们总会从我父亲那里找根源。我们父子俩，生前对话不多,也未曾有过深入的感情交流,我一度在很长时间里不能接受他的生活方式。但最后,我的生活方式还有他的影子。

他去世以来,总有一幅画面萦绕在我脑海里。在画面中,他慢悠悠地走着路,微笑着对回到老家的我说:"阿文,你回来啦?"

怀念父亲,祭奠终将逝去的乡村记忆。

"80后"知识分子的心灵史

近年来,每到毕业季,总有几篇博士论文后记在网络火爆。这些作者大都是"80后"学者,成长于农村,体验过基层社会的酸甜苦辣,最终通过自己的努力,成了知识分子。他们的人生经历很励志,人生逆袭的故事令人感动。今日,出身于农村的"80后"学者是一个数量庞大的知识分子群体,他们的心灵体验,很大程度上折射了改革开放以来中国的社会变迁。

具有基层生活体验的知识分子群体的出现,是一个了不起的社会进步。古代,知识大多是作为统治技艺的形象出现的,知识分子是名副其实的社会精英。从精英生产的规律而言,社会精英总会利用一切政治、经济和文化等手段来维持其优势地位,从而为基层社会群体的上升制造障碍。但任何社会的进步,总是伴随着精英的兴衰和更替。尽管科举制在理论上为民众上升为知识精英创造了制度渠道，自宋朝以后，平民较多地参加科举考试亦是历史事实。但从实际经验看，出身基层的知识分子群体始终是少数。哪怕是在20世纪初的社会巨变中，那些受益于新式教育的新一代学者，也和旧社会精英有千丝万缕的联系。今天，我们耳熟能详的"民国大师"，如果要对其家族进行社会学分析，便可知当时的知识分子群体只是实现了知识的更替，但精英阶层并未更替。

直到中华人民共和国成立以后，广大人民群众才获得了平等的教育，进而开启了真正意义上的知识流动。例如，中国共产党在革命时期便在革命队伍和边区开展了识字运动，这为中国革命和社会主义建设储备了人才。中华人民共和国成立后，更是在工厂、农村等开展了持续几十年的扫盲运动，并建立了完整的公立教育体系，初等教育和高等教育都有大规模扩张，连最普通的老百姓也有机会接受文化教育乃至高等教育。有数据显示，新中国的高等教育可谓是一场"无声的革命"，工人、农民的子女上大学的比重逐渐增大，这一现象一直持续到20世纪末。

改革开放后，"知识改变命运"几乎成了中国农村最具影响力的时代口号之一。1977年，我国恢复高考制度，为社会各阶层的子女提供了接受高等教育的机会。而全面普及义务教育，则使绝大多数农民子弟均可获得基础教育。到20世纪末，农村重点中学的教育质量并不比城市中学的教育质量差，这使优秀的农民子弟亦可获得相对优质的教育资源，继而考上大学，甚至是比较好的大学。尤其是20世纪末中国高校开启了大规模的扩招，客观上也为农民子弟接受高等教育创造了更多的机会。

可见,"知识改变命运"是制度实践的结果。来自农村的"80后"知识分子,在求学阶段,基本上还是受惠于农村基础教育普及和高考的制度红利。客观上,由于高考选拔的内容、标准具有统一性和规范性,农村教育体系大体上可以提供足够的教育公共品。而高考亦是一个人才选拔和竞争机制,意味着除了教育资源的有效供给,还需要个人的努力和禀赋。客观而言,大多数相信"知识改变命运"的农家子弟及其父母,未必清楚教育基础设施(包括物资和制度)在其中的基础作用,但清楚农村完整的基础教育体系,确实为他们改变命运提供了很好的机会。

因此,"知识改变命运"就成了农家子弟及其家庭合力奋斗的重要目标。"80后"出生时,我国正处于实施计划生育政策的初期,他们的家庭大多是多子女家庭。在当时的经济社会条件中,哪怕其父辈有稳定的工作,如家中有人是干部或者是教师,其家庭条件也没有好到足以和其他的农家子弟拉开足够大距离的程度。供一个小孩读书,尤其是完成义务教育之后继续供其上高中、考大学,的确是重大的家庭决策。绝大多数农民家庭在人力资本投资上是理性的,如果父母认为家中子女聪明好学,有较大的希望考上大学,一般都会积极支持其完成学业。因此,很多农民发出"砸锅卖铁也要供小孩上学"的豪言壮语。很多极端贫困的家庭,的确因为供小孩上学生活艰辛,负债累累。但如果子女考上大学的希望不大,父母则可能不会"做无谓的投资",不如早点让子女参加劳动,帮助家庭减轻负担,为家庭作贡献。

"80后"农家子弟的成长环境仍然有浓厚的乡土色。虽然此时已经改革开放，城市的劳务市场已经向农村开放，但真正外出务工的农民仍然占少数。因此，乡村的社会结构比较完整，乡村社会的伦理文化较有活力。乡土社会既有温情脉脉的一面，也有冷酷无情的一面。所以，"80后"农家子弟大概都体验过乡土社会的人情冷暖。极端贫困的家庭在村庄中备受排斥，无论是父母，还是子女，都会感到有形和无形的极大的社会压力。事实上，让子女有出息，最终在乡村社会扬眉吐气，是很多父母培养子女的根本动力之一。而来自基层的农家子弟，通过个人奋斗摆脱家庭困境，是他们的人生责任。当然，农家子弟如果足够优秀，也可获得乡村社会的善意回报，每一个通过考学走出困境的"80后"农家子弟，都或多或少地受惠于亲朋好友甚至是社会人士的无私帮助。

"80后"农家子弟很可能是最后一批具有完整的乡土生活体验的一代人。原因就在于，农村还保留着完整的公立教育体系，而且公立教育体系和乡村社会相互融合。村庄有小学，乡镇有初中，县城有重点高中，他们可以离土不离乡，接受完整的基础教育。一般而言，乡村教师虽然受过较好的教育，但他们的家庭也在农村，乡村教师本质上还是有地方性知识的知识分子。他们在传授标准化的学科知识的同时，深谙乡土人情。由于村庄社会结构保留得比较完整，"80后"农家子弟完整体验了乡村社会的人情世故。从这个角度来说，他们对中国社会的基层架构并不陌生。

在"80后"农家子弟的成长过程中,"努力就有回报"是他们的一条人生信条。"知识改变命运"之所以有力量,是乡土社会的传统和现代教育体系相互碰撞的结果。而从"90后"开始,"知识改变命运"很难说是一个时代符号了,这句话已经很难在农村社会产生回响。这倒不是说知识不再能够改变命运,或者说努力难有回报,而是说农家子弟的努力已经不再与乡土生活产生紧密联系。"80后"为家庭、为家族、为家乡而努力奋斗,而家庭、家族和家乡也为其成功感到荣耀,也许将成为"绝唱"。

概而言之,"90后"农家子弟即使生活在农村,他们的乡土经验也未必完整。因为进入21世纪以后,流动已经是一个普遍的社会现象,一些"90后"农家子弟都有当留守儿童的经历,而且乡村已经原子化,无法真正触碰乡土社会的文化冲击力。并且,在"90后"农家子弟的成长经历中,农村教育也发生了巨大变化,教育市场化对公立教育体系产生巨大冲击力,城乡教育差距的问题也逐渐凸显。一些"90后"农家子弟甚至需要离土离乡,到城市接受比较好的教育。客观而言,"80后"农家子弟的教育获得感,是比较强的。这既源自其经历过物资匮乏时代,又源自那个年代的农村教育有极强的精英生产能力。

正因为有数量庞大的农家子弟接受了高等教育,使他们中的一部分人有机会成为知识精英。最近十多年,中国对科技、高等教育和学术研究的投入不断增加,这为培养规模庞大的学者群体提供了可能性。当前,研究型大学和绝大多数教学科研型大学都提供了数量庞大的学者岗位,接受过高等教育的"80后"农家子弟顺其自然地成为其中一员。作为一个知识分子群体，接受过正规教育的"80后"农家子弟是一个独特的群体。因为，古代知识分子作为政治和经济精英，再不济也被专业人士所垄断。而新中国成立后百废待兴，高等教育资源有限且主要服务于国家建设，"学者"的岗位其实很有限。绝大多数通过教育改变命运的普通群众，哪怕是受过高等教育，也仍然在各行各业从事实践工作，他们或许是掌握某项专业技能的精英，但还远远谈不上是真正意义上的知识分子，他们并非纯粹从事知识生产的精英。

从知识分子群体的代际分化看，这些来自农村的"80后"学者，是一个颇具特色的群体。在学术界，知青一代是一个显著的存在。他们在改革开放初期进入学术界，由于新中国在一段时间里出现过学术断代，他们在自己很年轻的时候便占据了学科位置。在很多人文社科学科领域，知青一代是各个学术单位的奠基者。他们划定学科范围，创建学科规范，引领学术话语权，当然也掌握学术评价权。由于有上山下乡的经历，知青一代亦有基层社会生活经历，对中国社会的基层架构有深刻认识。以至，这一人生经验足以成为其学术创新的源泉，亦能在学术权力场域中占据优势地位。从客观上看，知青一代知识分子进入学术界较早，但退出学术界较晚。直至今日，很多知青一代的知识分子还有旺盛的学术创造力，甚至仍在学术界身居要职。客观上，知青一代的光芒和迟迟不退场，可能会影响学术代际的更替。尤其是在人文社科领域，作为知青一代的学者，"60后""70后"的代际特征并不明显。但他们的学生——"80后"学者又是一个特征鲜明的知识分子群体。尤其是来自农家子弟的"80后"学者，很可能在塑造新一代知识分子群体的某些特征。

一是"80后"学者受过专业训练。受益于上两代学者的努力，"80后"学者在接受高等教育时，我国的学科体系已经比较完整，专业也比较齐全。尤其是从学术场域的变迁来看，20世纪90年代开启的社会科学专业化和规范化建设，塑造了今天的学术场域。"80后"学者接受的大学教育已经是专业教育，而且很多新的专业教育是顺应现代社会发展而开设的。因此，这一代学者一般在专业领域从事学术工作，他们也许没有知青一代的杂糅和通透，却有专业的视角和坚持。

二是"80后"学者深受学术体制的规训。学者是学术体制的产物。近年来，以绩效考核为中心的学术管理体制逐步建立，成为"80后"学者立身学术界的制度基础。这一学术体制，使一部分"80后"学者有强烈的职业危机感，从而偏离了传统知识分子的身份。

三是"80后"学者成长于社会巨变时代，对社会巨变有深切体会。就学术创新而言，"80后"学者在经验、专业训练上，甚至在学术资源的支持上，都具有良好的条件。

从客观上看，"80后"学者还不算是成熟的一代知识分子群体。甚至，他们是否具备知识分子的品格，还取决于他们今后的努力。知识分子应该是一个为国家和民族思考的群体。从学者到知识分子之间，还有一道需要跨越的鸿沟，即超越自我，让学术工作从职业转化为为生民立命的事业。"80后"学者是和改革开放一起成长起来的，亲身丈量了时代变革的深度和广度。更重要的是，这个时代是如此伟大，在中国历史上真正做到了精英的更替。作为这一历史进程的"当事人"，"80后"学者有更好的条件来回应这个时代。一旦将学术工作融入时代经验、融入实践，一种具有时代烙印、满足大众需要的学术必定产生。

这些"80后"学者在博士论文后记中回顾自己的人生经历，不仅是感谢某个人，还是致敬一个时代。每一个个体的经历也许是特殊的，但是，他们最终实现了人生逆袭，是一系列制度实践的结果。隐藏在中国社会内部的基因，需要我们去理解和挖掘。虽然个人的成功归咎于个人的努力，以及某些偶然境遇，但归根结底还是一系列社会机制的结果。那些看似残酷的基层社会生活，却也隐含了催人奋进的积极因素。在"80后"学者的同龄人中，实现人生逆袭的，毕竟是少数。很多"80后"学者之所以实现了人生逆袭，是因为这种逆袭建立在他们的父母和兄弟姊妹付出牺牲的基础上。一些青年学者对现有的学术体制不满，认为自己得到的太少。但平心而论，相较于其成长经历，"80后"学者的确是时代的幸运儿，有责任为民族思考，为大众追求美好生活创造更好的条件。

贰

推进乡村振兴

如何建立脱贫攻坚的长效机制

和 2006 年取消农业税一样，2021 年我国宣布脱贫攻坚取得了全面胜利，全面建成小康社会，历史意义特别重大。但从技术层面来看，脱贫攻坚和取消农业税并没有太大技术障碍。2006 年我国取消农业税，主要是因为农业税占国家总税收的比例极低，取消农业税对国家财政没有多大影响。但从战略上看，取消农业税确实是中国历史千百年来具有标志性意义的事件。脱贫攻坚与其有些类似。以今天中国的经济发展水平来看，国家已经有足够的条件消灭绝对贫困。

可能现在的年轻人很难有绝对贫困的体验。但哪怕是"80后"，只要来自农村，在成长过程中普遍存在营养不良的问题。今天，吃不饱、穿不暖的情况，已经鲜少存在。即便有，也不具有普遍性。现在的绝对贫困，主要是收入分配不均、贫富差距等一些制度因素造成的，而不是社会生产力水平低下的结果。过去，国家没有能力保证每一个人都能得到比较好的营养供给，但现在国家有这个能力了。

为什么摆脱贫困的意义如此重大呢？这和我们国家的性质有关。中国是一个社会主义国家，只要生产力水平足够高，就要摆脱贫困。很多发达国家的生产力水平很高，社会保障制度水平也很高，但还是没有办法摆脱贫困，其原因就在于资本主义在缩小贫富差距、再分配等方面的能力有限。中国在解决贫困问题上，具有政治制度优势。例如，我们是单一制国家，可以通过中央统筹、转移支付来实现地区之间的平衡，还可以通过对口扶贫、社会扶贫等方式，共同解决贫困问题。

总体来说，脱贫攻坚在技术上并不是一件特别难的事，事实证明我们也做到了。但是，脱贫攻坚过程中确实出现了一些问题。例如，官僚主义、形式主义等现象。这几年，我们经常讲基层负担重，这与脱贫攻坚过程中的官僚主义、形式主义有关。

脱贫攻坚以县为主，我每到一个县作调研，都要看它们的财政资金安排。我发现，财政资金安排远远高于脱贫的需要。一方面，说明脱贫攻坚工作是极有保障的；另一方面，说明恰恰是保障太多，要求又太高，地方大量的精力耗费在向上级证明其"一个都没落下"上。

这造成了层层加码，最终使基层扶贫干部疲于奔波。事实上，扶贫工作并不复杂，也无须耗费大量精力，扶贫干部主要做党委和政府与贫困户的沟通连接工作，把贫困户的实际情况和需要了解清楚，把党委和政府的政策安排落实下去，就可以达到预期效果。

但是形式主义问题令事情复杂化。例如，市里检查组要来了，基层部门得提前准备材料，和贫困户打好招呼。省检查组要来时，基层更得重视，如果中央检查组下来，那就更不得了了。每个县为了把工作做到位，确保万无一失，长期处于紧绷状态，不断需要证明自己的工作成效，一直在做扶贫之外的工作，迎接检查、做材料等。脱贫攻坚过程中的这种疲于奔波、脱离实际的空转，给基层治理体系带来了巨大的压力。

很多扶贫干部一开始特别有成就感，因为脱贫攻坚确实是千百年来难得一遇的大事，投身到这样一场战斗中，非常有荣誉感，但做了一段时间以后发现，原来不是这样的。你想做事，但没有那么多事给你做，因为我国的绝对贫困人口很少，除了"三区三州"等深度贫困地区，其他很多地方并没有那么多绝对贫困人口。对于大部分农民家庭而言，只要能出去打工，就很难有绝对贫困状态。所以，多数地方的绝对贫困人口要低于统计数字。2015年、2016年搞贫困人口精准识别的时候，标准是人均年收入3000元左右。这是什么水平？假设一个五口之家——两个小孩、一对夫妇再加一个老人，正常情况下都不可能是绝对贫困，只要有一个半劳动力在打工，就可以解决贫困问题。真正的贫困人口，绝大部分都是老弱病残，他们的家庭条件都看得见摸得着，但这部分人口往往又被低保等政策兜底了。

从学术界的讨论来看，脱贫攻坚制度性成本是比较高的，工作中只对上级负责的问题比较突出。扶贫本身没问题，做扶贫工作对基层形成的主要挑战是用形式主义对付官僚主义。例如，产业扶贫，政府要帮贫困户发展产业，但在市场经济条件下，所有了解基层情况的机构和个人，包括基层党委和政府以及扶贫干部都知道，产业扶贫要是搞不好，就会越扶越贫，让农民搞种植或养殖，万一亏了怎么办？

就产业扶贫资金来说，1个贫困人口可能有2000元，3个贫困人口就是6000元，政府给他们买羊、买猪，但养着养着就养没了，这在市场经济环境下，其实很正常。但关键是，上级要检查产业扶贫，产业在哪里，收益在哪里，一旦发现没有成果，就完不成脱贫任务。所以，为了产业扶贫，基层就会搞很多变通，以贫困户的名义发展产业，把产业扶贫资金交给某个企业或者合作社经营，贫困户坐等分红收益。类似这种操作很多，但最后企业也不愿意干，但基层又必须完成这项任务，弄得大家都很疲惫。

产业扶贫都是有指标的，必须完成。例如扶贫贷款，真正的贫困户没有贷款能力，它连劳动力都没有，贷款有什么用？但我们要求把贷款贷给贫困户，地方党委和政府特别困扰，前几年为了完成这些任务，就必须上门做工作，一级一级往下压，省里压到县里，说"这里总共还有多少亿没完成，相当于没做扶贫工作，扶贫贷款都没发下去，怎么算扶贫"？县里没办法，就压到乡镇，最后乡镇只能让基层干部挨家挨户做工作。

有些地方的老百姓比较朴实，他们觉得贷款又不是不用还。但是基层工作做多了，贫困户又觉得这是"天上掉下来的钱"，不贷白不贷，大多数贷款的人都不想还。很多地方脱贫摘帽，就意味着贷款周期到了。银行想把本金收回来时，发现本金收不回来了，贫困户拿到贷款以后，即便有钱也不想还。

各个银行都为此烦恼，最后只能靠基层政府去做工作。贷款很难，收款也很难，其实都是基层工作人员代替银行去做这些工作，白白增加基层工作人员的负担。银行哪有能力去执行？换句话说，它们也不知道怎么执行。难道起诉贫困户？这是不可能的。我调查过一个地方发现，乡镇政府竟然要求各村村委会为贫困户垫资还贷。有集体经济收入的村还好一些，没有的，只能村干部自掏腰包。类似这样的后遗症，就是形式主义，没有必要做的事非要做，不仅浪费了大量的人力、物力、财力，也消耗了政府的公信力。

如何防止返贫现象发生？这是脱贫攻坚的长效机制问题。其实，我国有健全的长效机制。例如，低保、大病救助、助学贷款等政策，就是很典型的长效机制。大多数地方已经实现"两线合一"，即贫困线与低保线合一。

客观而言，这种意义上的贫困户都不用专门去扶贫，只需要用社会政策给它们提供保障。而且现在低保政策比较成熟完善，实现了"应保尽保、动态调整"。那些返贫的家庭，可以在第一时间申请最低生活保障。

我认为，既有的政策工具可以转化为脱贫攻坚的长效机制，不需要重新建立一套机制，把这两种制度衔接起来。我们有基层党委和政府，有基层党支部，也有完善的社会政策，过去超常规的做法不应该被常态化，否则就会影响常态制度的功能发挥。

脱贫攻坚已经完成了自己的历史使命。最好的长效机制就是低保和其他民政政策，把这些运用起来，直接衔接后移交给地方政府。有关扶贫的业务，应该回归到原来的政府职能里。这就是"回归常态"，常态化的贫困治理才是真正的长效机制。

这几年，扶贫系统规模在膨胀。以前一个县扶贫办只有三五个人，现在则有一两百个人。村里有扶贫协理员，镇政府有扶贫干部，县政府有扶贫信息中心，一个信息中心有大几十个人。试想一下，这些人员全部加起来增加了多少倍？

扶贫办转制为乡村振兴局，意味着可能不会再像过去的工作方式一样去攻坚了。但是，脱贫攻坚留下的庞大的扶贫系统将转移到乡村振兴中，先要对脱贫攻坚过程中的经验教训进行总结。毕竟，乡村振兴和脱贫工作不一样，它是一项战略，不能依靠短期的攻坚来完成；它也是一项综合工作，更要注意前后左右衔接的关系。因此，乡村振兴局的特殊地位也要回归常态。

这几年，农村地区的社会保障工作做得非常多。过去，农村加入医保、社保的人很少，农民甚至没有这种意识，或者没有途径加入，但近十几年来这项工作普及得很快。另外，给老人的一些补助，虽然数额不多，但医保加民生政策，这两块结合起来，则会发挥很大的作用。我国的社会保障体系是世界上最庞大的体系，虽然水平不高，但是覆盖面非常大。这是一件很了不起的事情。

关于防止返贫，扶贫系统和其他职能部门要适当分工。扶贫系统主要负责扶贫开发，比如在连片的贫困山区，很多政策优惠、基础设施建设项目都要向其倾斜，扶贫系统需要继续执行好这些政策。民生的事就交给民政、社保等部门去做，因为这需要一个庞大的体系支撑，需要依靠专门的职能部门去做。

全面建成小康社会的历史时刻

2020年1月,江苏省政府公布了一组数字:"十三五"时期脱贫致富奔小康工程实施4年来,目前仅剩6户,17人未脱贫,实现了99.99%脱贫率。很多人不敢相信,"两个一百年"奋斗目标中的第一个百年目标——"全面建成小康社会",真的实现了。

世界正处于百年未有之大变局,中国正在上演的百年未有之大变局,是一个静悄悄的革命。中国的人均GDP超过1万美元,步入中等收入国家行列;中国的城镇化率达到了60%,有庞大的中产阶层。同样,中国在改革开放40多年时间里,已经让8亿多人口脱贫,堪称人类史的一场伟大斗争。中国历史上不乏百年未有之大变局,但在大变局的过程中保持政治社会稳定,是一个鲜明的时代特色。一方面,我们能够分享发展成果;另一方面,我们又不是太过于关注它,恰恰是社会进步的表现。

只不过,这个静悄悄的革命并非自生自发的,而是一系列制度建设和广大党员干部及群众共同努力的结果。"6户""17人""99.99%"是一组普通的数字。一些人认为,不要说真正实现脱贫,即使精准掌握这些数字都是不可能的,这是他们对脱贫攻坚成绩有所怀疑的所谓"潜在依据"。殊不知,这些普通数字背后,是中国所经历的一场轰轰烈烈的治理革命。

显然，我国取得脱贫攻坚的伟大成就，受益于新中国成立70多年来的持续发展，尤其是和改革开放40多年来的我国转型密切相关。改革开放以来，我国一直是一个以经济建设为中心的发展中国家。党中央虽然在20世纪80年代就进行了有计划的扶贫开发，但其基本导向仍然是开发式的扶贫，通过经济发展来解决贫困问题。这一扶贫思路在一穷二白的发展中国家，是再正确不过的。但它也存在难以克服的困难，即扶贫的精准问题。

一方面，开发式扶贫有可能造成"大水漫灌"，不是贫困人口也会享受扶贫资源。甚至，越是有能力的人，越有可能获得扶贫资源，从而导致出现扶贫开发被"精英"俘获的现象。另一方面，一些没有发展条件的家庭，无论对其投入多少扶贫资源，都不可能脱贫，"输血式扶贫"的效率较低。

进入21世纪以后，中国开始了向公共服务型国家的转型。通过"以工补农、以城带乡"战略，国家不仅不再从农村汲取资源，而且还向农村输入了大量资源。尤其是义务教育、合作医疗、最低生活保障等普惠性公共服务政策的出台，为绝对贫困人口的兜底提供了可能。尽管贫困是一个人类社会的自然现象，但解决贫困问题考验着一个国家的经济发展水平和治理能力。

党的十八大以来，我国之所以能够提出"精准扶贫"，是因为新中国经过几十年的发展，解决了大部分人的温饱问题，并建立了世界上最庞大的社会保障体系。剩下的贫困人口，确实只是少数。经过一段时间的努力，实现低保和贫困线的"双线合一"，即使在脱贫攻坚战结束后，贫困人口也可以获得制度性兜底。

脱贫攻坚成绩需要用数据说话，但显然不是"数字脱贫"。那么，如何既让数据说话，又不陷入"数字脱贫"的形式主义中呢？其前提便在于需要对贫困户的状况进行精准识别。为此，中央和地方各级政府对国家扶贫开发信息系统进行了技术完善。过去几年，脱贫攻坚过程中出现了不少形式主义问题，尤其是在贫困户建档立卡和数据录入的过程中，对基层的要求过于严苛，出现了数据反复加工等做无用功的现象。但经过一段时间的调整后，类似问题已经较少见。尤其重要的是，各地在精准扶贫过程中都不约而同地建立和运用了大数据核查，极大地提高了贫困户识别的精准度，低保、医疗、教育、养老等涉农政策实施效果也有了质的提升。脱贫数据的精准，不是"数字脱贫"的产物，而是国家认证能力增强的表现。

国家认证能力的提升绝不仅仅是技术进步的自然结果，还是强大的政治和行政动员的结果。所有的贫困户都经过了技术识别和社区瞄准。简单而言，对贫困户的识别不仅要计算其收入水平，还要经过"四议两公开"社区民主决策过程。在大多数地方，对贫困户识别的困难不在于绝对贫困"漏评"，而是大多数农户的收入超过了贫困线，导致一部分边缘贫困户被划为贫困户。因此，扶贫干部的基层工作必须是扎实的，否则就会出现社会矛盾。一旦贫困户被录入系统，则要按照"两不愁、三保障"的标准展开帮扶。就我们的调研看，贫困县为了保质保量完成脱贫攻坚任务，都会筹集远多于扶贫工作所需要的资金。扶贫是每个贫困县工作的重中之重，行政资源的投入是巨大的。例如，每个村都会配置扶贫工作队，每个干部都有结对帮扶的贫困户，每个单位都有扶贫任务。每一个贫困户的退出，都要经过公开公示等程序。

强大的体制动员能力，恰恰是中国扶贫经验的精髓所在，这是我们判断中国扶贫成绩真实可靠的直接证据。事实上，一段时间以来的脱贫攻坚工作，为人所诟病的并不是工作太虚，数字不精准，而是自上而下的压力太大，过于追求数字的精准性。例如，本来是定性评估，一些地方却将评估分数当作定量标准进行排名。乃至在第三方评估过程中，仅仅因为被查出了一个"漏评户"，县长就要承受巨大的压力。在这种情况下，脱贫数据的真实性，是毋庸置疑的。另外，脱贫数据是动态的。

脱贫攻坚取得全面胜利和全面建成小康社会的前提条件都是"现行标准"下。如今，绝大多数贫困地区的贫困线标准都在人均年收入4000元左右，这是符合贫困标准的，也是和世界公认的标准一致的。很多发达地区，提高贫困线，高达6000元。也就是说，这些地方的贫困户比贫困县的小康之家生活得好。这就涉及一个概念"相对贫困"。人们对江苏省的数据有质疑，可能跟每个人的个体体验差异有关。例如，有些人虽然吃穿不愁，但因为家庭发展压力（如进城买房等）比较大，并不觉得自己步入了"小康"。"小康""大同"等词语，是美好生活的一个理想状态。但问题是，美好生活在不同时代、不同地区都有差异。过去"楼上楼下、电灯电话"就是美好生活的象征，但现在肯定不是。人民对美好生活的追求是无止境的，脱贫和小康也是有标准的。

中国在反贫困斗争中的成绩，是举世公认的。例如，结对帮扶、对口帮扶、驻村工作、开发式扶贫等具有中国特色的反贫困政策，都是非常宝贵的经验。我认为，经验千万条，核心就一条：有千千万万的基层干部无怨无悔地奋斗在扶贫一线。几乎每项反贫困措施的实施，都离不开基层干部；每一个脱贫数字背后，都凝聚着广大基层扶贫干部的心血。所有中国人昂首步入全面小康社会，首先要感谢的是这些可敬可爱的扶贫干部！

乡村振兴是将来时

按照2018年1月发布的《中共中央 国务院关于实施乡村振兴战略的意见》，乡村振兴的长远目标是农业强、农村美、农民富。具体包括5个方面的内容：产业兴旺、生态宜居、乡风文明、治理有效、生活富裕。

需要说明的是，乡村振兴是将来时，不是现在时。按照规划，2035年基本实现这些目标，2050年全面实现乡村振兴。当前的主要任务是要为乡村振兴创造条件。这主要包括两个方面的内容：一是健全乡村振兴的制度框架和政策体系。这一任务，已经基本完成，《中华人民共和国乡村振兴促进法》已经颁布实施。二是探索乡村振兴的合适路径。我认为，这一任务还远未完成。

乡村振兴的深远意义在于，农业农村现代化是我国现代化的重要内容，也是中华民族伟大复兴的必然要求。事实上，相对于其他领域的现代化，农业农村现代化是短板，还存在不少的薄弱环节。因此，我国需要通过实施乡村振兴战略，尽力补齐短板。农业是压舱石，农村是稳定器。国家现代化和中华民族的伟大复兴之路充满风险，农业和农村是化解各种风险的战略空间。无论从哪个角度看，乡村振兴都是中国现代化的必由之路。

乡村振兴为我国提供了一条现代化之路。从历史经验来看，城市兴、乡村衰，是现代化的普遍规律。但是，从中国的实际来看，通过城乡融合发展来实现现代化，是正确的道路。

但是，我们应该看到，目前乡村振兴还存在较多的掣肘。其中，最大的掣肘是我国还没有形成科学有效的实施策略。

具体表现就是：乡村振兴的资金从哪里来？据中央有关部门初步测算，要落实乡村振兴战略规划5年重点任务，大约需要投资7万亿元以上。中央有关部门和地方政府在规划乡村振兴部署时，牵涉的目标众多，但手段不多。筹集这些资金，仅仅依靠国家财政补贴，肯定是不够的。社会的参与和支持也只能是一个补充。资金的主要来源还得依靠地方政府的融资。而地方政府融资的唯一依托就是土地。

从目前的情况来看，指望通过盘活农村土地获得资金不现实。一是农村土地能不能盘活？二是即便能盘活，能盘活到什么程度？实现农村生态宜居、生活富裕、乡风文明和治理有效，都需要投入大量资金。例如，基础设施建设、人居环境整治、城乡公共服务均等化等,都需要投入大量资金,而且均有刚性支出的特征。

当前,各地乡村振兴的发力点都在土地上。我觉得这样做是不妥当的。如今,真正的发力点是城乡融合发展。

一是实施高质量的城镇化。最近10—15年,中国仍然处于高速城镇化的阶段。所谓"高质量的城镇化",指的不仅是给进城的农民落户,使其享受城市公共服务,更重要的是要为其提供充分的就业机会。在这个角度来看,我们要谨慎对待县域城镇化。那些没有产业基础的县城,仅仅依靠教育、医疗等公共服务的牵引而实现的土地和人口的城镇化,是一种劣质城镇化,既无法提高城镇化水平,也会耗费乡村振兴的宝贵资源。

二是实施乡村建设行动。中国农村并未定型,花大力气实施一些不切实际的政策,会造成资源浪费。但是,保持农村基本制度的稳定,搞好乡村的基础设施建设,至关重要。这些基础建设不仅为农民提供了良好的生产、生活条件,也为将来的乡村振兴奠定了基础。目前的乡村振兴应该是保底的、普惠的。

2021年中央一号文件《中共中央 国务院关于全面推进乡村振兴加快农业农村现代化的意见》对全面推进乡村振兴提出了一系列举措,包括脱贫攻坚和乡村振兴的有效衔接、加快推进农业现代化、实施乡村建设行动等。2021年2月25日,国家乡村振兴局在北京挂牌成立,就是具体体现。

当前,有关部门和地方政府在推行乡村振兴的过程中,出现了一些不太好的苗头。它们把乡村想象成是资本的热土、发展的热土。通过融资的办法搞乡村振兴，要慎之又慎。我认为，农村不适合涌入过多的金融资源。

地方政府以乡村振兴的名义融资，进而出现了地方债务危机，对此我们要保持高度警惕。但是，现在一些地方政府有些着急，把摊子铺得太大。

我调查发现，当前，金融的可达性已经相当强了，甚至超出了农民的正常需求。一般农民都可以从银行和互联网金融平台贷款。而这完全能够满足那些有发展需求的农民。我这几年调研过小镇青年这个群体，他们中的一部分人，因为陷入网络赌博而无法自拔，又因为太容易获得贷款，进而透支消费，最终让整个家庭陷入债务危机。这是一个极其严重的社会问题。

"有多少钱，办多大事"，应该成为全国各地推进乡村振兴战略的基本原则之一。乡村振兴要为中国现代化提供压舱石和稳定器，不要因为过多的金融资金源源不断地进入，制造"资本的狂欢"，反而让乡村成为现代化的"火药桶"。

空心村的命运一定是被消灭吗

2020年10月，我在西南地区某地实地调查了一个已经消失的村庄。这个村庄的大部分房屋已经倒塌，到处杂草丛生，但依稀能看见颇具特色的建筑轮廓。这个古村落处于一座山脚下，有山有水有田，离镇不到5公里，用石头铺的通往村里的路，还真别有一番风味。显然，它不是一方水土养活不了一方人的村落。

这是一个实施易地扶贫搬迁政策的村落。每个搬迁农户都获得了足够的补贴，都在安置点有楼房，而且收入也有保障。但是，根据有关政策，只要是安置点有安置房，就必须拆除村庄里的老房子，也必须腾退宅基地。被易地安置的贫困户在农村将不再有自己的宅基地及老房子。由此可见，我看到的那些倒塌的老房子，并不是因为年久失修而自然倒塌的，而是被拆除的。

概而言之，在土地增减挂钩政策中，一些地方政府通过拆除农民的住房，腾退宅基地，将其转化成建设用地指标。这一指标可能用于县域城市开发，包括建设工业园、住宅小区和城市基础设施建设，也可能用在特色小镇建设上。在一些贫困地区，还可以通过土地指标的异地交易，获得财政收入。例如，腾退一亩的宅基地，地方政府花了2万元，同时也为贫困户提供了一套价值20万元的安置房；但如果有发达城市需要购买土地指标，地方政府则通过卖指标，每亩地能获得二三十万元，甚至三五十万元的财政收入。

很多地方政府认为，易地扶贫搬迁既是一个一劳永逸的扶贫方式，也是一条有利可图的发展道路。毕竟，贫困户只要被易地安置，并给予相关的工作保障，确保"两不愁、三保障"达标，根本就不用费心费力去落实危房改造、安全用水、厕所改造、产业扶贫等一系列任务。并且，这些易地搬迁的村落最差也能转换成土地指标。综合条件好一点的村落还可以成为招商引资的"香饽饽"。

这么好的一个古村落,当然逃不开地方政府和开发商的"法眼"。一个以"秘境"为主题的旅游开发计划正在紧锣密鼓地准备着。据说,这个古村落将被打造成一个大型旅游度假村,除了修建酒店以外,每一座民房也将被改造成一个特色院落。我在调研时发现,这些被"废弃"的民房都被提前"认购"了,挂上了文化名人、演艺明星工作室的木牌。消失的村落也许会随着旅游开发复活起来。不过,这个村落不再是村民的栖息地,而是供游客参观的景观。

可想而知,这种看似完美的政策设计,必定问题不断。拆除民房、腾退宅基地,无异于将农民从村庄中连根拔起。即使政府的政策设计得再完善,也无法满足搬迁农民的所有需求。不少村民在安置点无法适应新生活。安置房都建得差不多,一些老人出门迷路,找不到家。帮扶干部也很用心,还贴心地为搬迁农民制作了手牌,以方便他们确认身份和家庭住址。村民们说,每天早上一睁眼就要花钱,用水、用电、买菜等等都有现金支出,让人胆战心惊。年轻人慢慢适应了这里的生活节奏,也找到了工作,但老年人却很难适应,因为他们无社交、无收入,发生家庭矛盾也在所难免。

于是,一些搬迁农民想方设法"逃"回原来居住的村子。在这个准备被打造成"秘境"的村落里,我调研时发现,还有几位老人在倒塌的老屋里搭窝棚居住,在村内养羊、放牛。从政策上来讲，这些房屋已经不属于他们，但他们凭着朴素的观念，顽强地认为村庄还是自己的栖息地。基层干部的一个重要工作便是想尽办法劝说返村的贫困户离开村庄。毕竟，如果上级部门一旦发现这些贫困人口还居住在窝棚里，就意味着基层部门没有解决"两不愁、三保障"的问题。

也许，村口那棵百年大树以及大树底下保留完好的土地庙，还有土地庙上空的袅袅香烟，说明这个看似废弃的村落还保留着一丝气息。

我国南方地区的某个行政村是一个名副其实的空心村。这个村有1300多人，但常住人口已不到100人，村里90%以上的家庭在城镇都拥有住房。这个行政村有10多个自然村，其中几个是处于高山地区的小型自然村落，现在已经无人居住，虽然中心村落的自然条件好一些，却因为城镇化等原因导致人口大量外流。

从20世纪90年代起，这个村就有人口外迁。该村具有典型的"八山一水一分田"的地理特征，人均土地不到一亩，而且土地贫瘠，亩产量较低。因此，长期以来，村民"靠山吃山"——依靠林木资源补贴家用。20世纪八九十年代，随着山林资源被过度砍伐，以及人口剧增，村民已感受到了生存的压力。当地政府适时地开展了"造福工程"，在镇里规划安置区，给予自愿从高山自然村搬迁的村民适当补助，一些村民已经主动从山村搬迁到镇上。

进入21世纪以后，村内的大片山林被划入生态保护林，村民的生计空间被进一步压缩。同时，随着生态环境保护政策的推行，该村被划入了"禁养区"，村民好不容易发展起来的养猪业，也在市场波动和政策干预的双重打击下溃败下来。而地方政府在镇里建立了工业园区，村民的就业已经从村庄转移到镇，村庄小学被撤并到镇中心小学。最近10多年来，在镇购房置业已经是村民的广泛共识。

村庄的空心化是农村的推动力和城镇拉动力相互结合的结果。村庄虽然空心化了，却未必就废弃了。一是留守村庄的上百名村民，大多数是老弱病残，他们在较短的时间内，仍无法脱离土地和村庄。因此，村庄仍然是他们的栖息地。尽管有诸多不便，但居住在村庄之内，生活成本较低，而且还有完整的社会交往，生活质量并不差。二是有一部分五六十岁的中年村民，虽然在镇里有住房，却也愿意留守村庄和居住在镇里的子女分开居住。哪怕是居住在镇里，难以进厂工作的中年农民也更倾向于在村庄中发展种植和养殖等产业。三是村庄内有两个脐橙生产基地、一个食用菌种植厂、一个竹器加工厂，吸收了留守村庄的部分劳动力，还产生了一定的经济效益。四是一些在外有所成就的村民在村庄中修缮老屋、修建别墅。因此，村庄是空心化了，但其生产和生活的功能并未消失。

由此可见，空心村的未来，其实是不确定的。哪怕是其最终会走向消失，也要经历一个漫长的历史过程。而在城镇化已经完成以后，村庄即便不再是栖息地，但仍然有生态和价值皈依等功能。因为对于一些弱势农民而言，村庄是他们的栖息地。对于普通村民而言，为以代际分工为基础的"半耕半工"生计模式为其生存发展提供了可能性。因此，留守村庄的人口虽然不到百人，却关系到绝大多数家庭。事实上，绝大多数村民，仍然和村庄保持着紧密的关系。

改革开放以来，中国一直处于快速城市化过程中。进入 21 世纪以来，城镇化更是以平均每年 1% 的速度推进。在未来 10 到 15 年的时间内，中国仍将处于快速城市化进程中。从这个角度来看，村庄的消失将是一个普遍现象。

但是，城镇化过程中消失的村庄，有两条出路。

一是规划性变迁。这种村庄消失的过程，往往伴随着城市开发、基础设施建设、易地扶贫安置等行政干预力量。简单而言，规划性的村庄消失，有较强的财政支持，也能让村民获益。但是，这种村庄消失是外力干预的结果，而且时间比较短，农民没有太多的时间来完成适应社会的过程。尤其是规划性的村落消失，普遍存在统一的政策供给和农民的多样化需求之间的矛盾。因此，规划性的村落消失，一般都会有较多的后遗症。

二是自发性的消失。这种村庄消失，往往是当地农民主动选择的结果。事实上，从村落变迁的视角看，村落的开发、扩张、分裂、消失都是一个历史进程。那些在城镇化过程中较早消失的村落，往往也是开发时间比较短的村落。而随着自然资源、交通位置、产业发展和人口变迁的综合因素影响，村落的命运也会发生改变。例如，一些村落虽然地处偏远地区，却因为它们独特的自然景观而变得兴盛起来，那些已经离乡的村民很有可能返乡创业。当然，在快速城镇化的背景下，农民离乡进城，是一个普遍选择。乡村的自发性消失是一个长期的历史进程，甚至会出现城乡之间多次往返的过程，这是农民努力适应城镇化的必然结果。

在这个意义上看，村庄的消失不是问题，问题在于农民有无应对村庄消失的适应能力。在政策设计上，应该尽量避免规划性的村庄消失，增加农民的自发性。

连根拔起式的撤并村庄不可取。简单而言，村庄不仅是农民生计的来源地，也是一套生活方式和价值空间。在相当长的一段时期内，哪怕是规划性的村庄撤并，也会提供易地农村安置的方式，如水库移民、"吊庄移民"等，都是如此。这种村庄撤并方式，尽管使原来的村庄消失了，但村民在异地重建村庄，而且他们的社会关系未变，农村的生活方式也未改变。在我调查的案例中，第一代移民搬迁的农民，还和原村庄保持较为紧密的联系，但第二代和第三代移民，则慢慢在新的移民安置点扎下根来。

应该警惕的是，当前的村庄撤并往往和城镇化结合在一起。农民不是重建村庄，而是直接进入城市。如此一来，其社会关系很难迁移，生活方式也必须在短期内改变，价值观也可能发生巨大的变化。

好高骛远的乡村振兴不可取。当前，全国各地都在全面实施乡村振兴战略，在高标准地实施乡村振兴。但客观上，农民需要的是适合其生产生活方式的基本秩序，并不是符合城市想象的美丽乡村。我调研过南方某个空心村，虽然其常住人口已不足百人，却在2018年被地方政府确定为乡村振兴示范点。最近几年，该村投入巨资实施了道路拓宽、河道治理、土地整治、公园广场建设等项目,村庄俨然成了美丽乡村,村级债务却增加了不少。

我建议,应对村庄消失的问题,各级政府应该以维持空心村的基本秩序为政策目标。一方面,如无必要,不应人为地加速村庄空心化的进程,更不应人为地制造村庄消失的局面。国家可以通过乡村建设行动,建设好村庄的基础设施,并配套基本公共服务,让村庄成为留守农民的栖息地。另一方面,在快速城镇化的背景下,不应该为了加速乡村振兴的进程"赶"农民上楼,从而浪费资源。

"合村并居"政策辨析

"合村并居"利用了土地增减挂钩政策,对于地方政府而言,是有利益冲动的。即使没有利益冲动,也有极强的政绩冲动。客观来看,"合村并居"的手段和目的之间是不匹配的,是在剥夺农民权利、损害农民利益。"合村并居"之后,农民的生活质量并没有提高,其实是实现不了乡村振兴的目标的。

所以,"合村并居"中出现的问题是政策层面的问题,而不仅仅是个别地方的执行偏差问题。把"合村并居"中出现的问题的板子打在基层身上,是不合适的。为什么好心办了坏事?关键是地方政府对政策的理解出现了偏差。

第一,"合村并居"和农村发展阶段不相匹配,因为它没有准确的定位。对于大部分省份而言,农村地区面积很大,农民人口很多,村庄数量也很多。虽然一些地方的经济发展不错,但是依然有数量非常庞大的农村。如果要在一个省范围内推行"合村并居",需要巨大的财政耗费,但大多数地方政府没有条件这样做。所以,地方政府给农民的补偿不多,甚至没有补偿,这是一个客观现实。不是地方政府不想补偿、不想多补偿,而是地方政府真的没钱补偿。

第二,大部分农民还是要依靠土地生活的,尤其是那些中老年人。所以,最坚定地反对"合村并居"的群体是留守在农村的中老年人。年轻人因为外出务工,对农村没有太深的感情,有反对的,也有支持的,但中老年人普遍反对,因为"合村并居"之后,他们脱离了农村、脱离了土地,又没有能力进城务工,他们的生活成本会提升。

第三,地方政府误解了土地增减挂钩政策,以为土地指标可以获得巨大的财政收益,比如每亩地的指标可以换30万元,除去复垦成本,财政多少还留一些。但实际上,指标值不值钱,取决于政府定价,并不存在一个真正意义上的土地指标交易市场。拆得越多,指标就越不值钱,财政花的钱就越多,反而是拆得越少越值钱。例如,计划拆一个村腾出100亩地,每亩地的指标为50万元,但腾出200亩地,每亩地的指标可能不到20万元,因为交易不出去。所以,地方政府预期将来可以用土地指标换钱,实际上是换不了钱的,财政的窟窿是弥补不了的,这导致"合村并居"政策没有可持续性。

地方政府并不是不会算账,可能是故意不算这个账。它们想要的也许不是换指标的资金,而是将土地金融化,利用新增的增减挂钩指标,到银行去融资,拿土地指标收益,推进当前的"合村并居"。

从逻辑的角度来讲,通过卖指标来搞土地财政是成立的,但从动机上则不能轻易作评判。因为财政部门在核算的时候就很清楚,"合村并居"是赚不了钱的,给农民建新社区还需要政府投钱。另外,腾出来的土地归集体所有,政府获得的仅仅是建设用地指标而已。农村复垦的土地,往往质量普遍不高,商业价值不高,升值空间不大。

最大的问题在于,"合村并居"是将过去十几年新农村建设的成果毁于一旦。2006年,我们开始搞新农村建设,以工补农,以城带乡,国家在农村水利、交通、用电等方面投入大量资源,这几年又推进网络建设、公共服务城乡融合,这些工作要么已经完成,要么刚刚开始,现在的"合村并居"行动则拆掉农村,这就等于把以前的工作成绩都毁掉了,造成社会财富的巨大浪费。

很多人认为,农村基础设施不够完善,老年人生活不方便,"合村并居"之后人口多了才好做配套设施。"合村并居"有利于加快城乡一体化进程,有利于大规模良田种植,有利于有效扩大农村投资,等等。如何看待这一观点呢?

很多城里人认为农村生活条件不好,需要改造,这是横向比较。纵向来看,农村的生活条件比过去已经好了很多,基础设施已经基本建立，农民对此也比较满意。最近10年也是农村自建房屋的高峰期，很多房屋是刚建好的，凝聚着农民一辈子的心血，结果被拆了，他们从情感上也很难接受。

从政策角度来讲，没有差别，就没有政策，制定政策需要因地因时制宜，你处于什么样的发展阶段，就要选择什么样的政策，是什么样的地方，就选择什么样的政策，就是要实事求是，与地方实际相结合。

"合村并居"在这个阶段可能是好事，但在那个阶段可能是坏事；在这个地方是好事，但在那个地方是坏事。征地拆迁与"合村并居"类似，也是把农民的房子拆了，比如大城市郊区都是将几个村合并成一个大社区。我们在城郊作调研，很多村民天天盼着拆迁，为什么？因为城郊农民的职业性质、生活习惯都已经被改变了，已经城镇化了，就等着把财产变现，这是合适的。但"合村并居"的地区大多数是在纯农村地区，这样的政策未必就合适了。

现在很多人，包括地方政府官员，脑海里都有一个想象中的农村、想象中的农民，并没有把农村和农民具体化。在他们的抽象概念中，城镇化之后农村存在空心化、生活不便利等问题，实际上不能一概而论，农民的发展阶段也分了几种情况：有些农民已经成功进城了，农村的房子留着，留下乡愁在那里；有些农民是在城里务工，收入也不错，但是他离不开农村，因为他的家庭再生产、抚养小孩、赡养老人等，都要在农村完成，因为这里的生活成本比较低，代际要合作，他是离不开的；还有一部分农民属于纯农户，也是比较弱势的农民，各种条件不允许他们进城务工，只能留在农村种地或者做点小生意，这部分人对村庄的依赖性特别大。

现在农村最大的问题是留守老人问题，他们不习惯城里的生活，在城市没有社会交往。而对他们而言，村庄有社会意义，很多老人的生命意义都在那个地方，即便是留守老人，他们留守在农村的生活质量比在城市的生活质量要高。

对于年青一代人来说，农村也是一个"减压阀"。年轻人只要工作很稳定，家庭稳定，在城里面安家，"合村并居"对他们而言就无所谓了。但如果父母因为"合村并居"要离开村庄在城里居住，年轻人每个月会多出一些硬性负担，因为父母没有办法像住在农村那样自给自足了。所以，理性计算的话，城镇化发展还没有到已经定型的阶段，大部分农村家庭还处于半城镇化的阶段，没有条件在城市扎根，还得依靠农村进行家庭生产。

在农村也好，在城市也罢，社会是没有定型的，哪些人将来能够真正进城，哪些人不能进城，现在都是不确定的。从城镇化规律的角度来讲，这中间是有风险的。

有一些年轻人在城里住了一段时间，结果住不下去回农村去了，而如果房子面临拆迁，他们会很焦虑。

农村各家各户的情况也不一样，有些人可能是新建房舍不得拆，有些可能已经是危房了，急需改造，每一户、每个人从中获得的利益也不同，甚至经常出现钉子户。但实际工作中涉及人力、财力，基层工作该如何应对农村农民的复杂情况呢？

归根结底就是一句话：走群众路线。现在出现的问题，都是因为征求群众的意愿不充分。如果问农民愿不愿意住楼房生活，当然绝大多数农民都愿意，但如果加上把房子拆了，再花5万元买拆迁安置房这个条件，他们愿不愿意上楼呢？

有些地方的"合村并居"，麻烦在于前端出了问题。现在搞村庄规划都是外包，制定政策的人只有物理空间概念，没有社会概念，没有"人"的概念。基层干部执行拆迁任务的时候，他们面对的不是空间调整的问题，而是要让农民从A地搬到B地，并且要把农民的房子连根拔起，这是一件多么大的事！结果就这么草率地去做了。

要解决问题并不难，第一要给基层干部充分的时间，要做思想工作，给农民讲清楚道理，尊重群众的意愿，如果最后大家愿意就拆，如果不愿意就缓一缓。规划可以做，等到将来条件成熟了再拆，而不是非要在规定时间里拆。

我国实行村民自治制度，要依靠制度来解决问题。有一些地方以行政化的方式推行"合村并居"，没有发挥村民自治制度的作用，村干部是缺位的，也没有召开村民大会。有一些村最多开一次村民大会，宣布一下政策，没有经过讨论，也没有给农民表达意愿的机会。《中华人民共和国村民委员会组织法》明确规定，这是违法行为。

"合村并居"的成功案例不多。有一些试点几乎没有群众反对。原因在于这个"合村并居"的配套政策好，群众的所有要求几乎都满足了。例如，一开始是投1亿元建设一个小区，但是农民说,这个小区实际上还在农村里面,我们还要种地,种地的工具没地方放,基层党委和政府就再建一排生产用房,每家都有。但是这也付出了很大的代价,原本预算 1 亿元的小区,到最后建成的时候竟花了 3.2 亿元。

看似成功的"合村并居",其实有一些遗留问题。

第一,"合村并居"不能达成乡村振兴目标,因为农民的生活没有任何改变,该打工的还是打工,该种地的还是去种地。第二,农民的生活质量反而是下降的。第三,生活成本提高了,每个家庭每年多出了一两千元的开支,这对年轻人而言可能不算什么,但对老人来讲是一个较大的负担。

从根源上看,地方政府习惯大包大揽,对待农民会有一种"家长心态"——"既然我是为了你好,那么,有时候你的意愿就不是特别重要了"。从一些地方政府的角度来讲,"合村并居"其实并不是想从农民那里剥夺什么,而是为了乡村振兴,这样对农民才是有利。但如果政策方向是错误的,就给农民造成了损害。

"空壳合作社"的形成机理

近年来,农民专业合作社带动了农户增收,服务了农民开展仓储、加工、物流及产销一体化等生产经营活动,推动了休闲农业、乡村旅游等新兴产业的发展。然而，合作社在发展过程中，也出现了一些突出问题。其中，"空壳合作社"已经严重影响了农民专业合作社的健康发展，不仅消耗了国家的大量资源，而且侵害了农民的利益，影响乡村振兴战略的有效实施。那么，"空壳合作社"是如何形成的，又该如何应对呢？

一、"空壳合作社"的类型

一是大户主导型。大户主导型合作社最普遍。这种类型的"空壳合作社"，往往是由一家或少数几家大户主导成立，吸引少数农户参加的专业合作社。大户主导型合作社之所以有名无实，是因为成员地位不平等，也不可能实行民主管理，违背了成立农民合作社的基本原则。甚至，大户为了主导专业合作社，以各种方式排斥利益相关的农民加入合作社。

二是资本主导型。近年来，"公司+合作社"渐渐成为一些地方推进农业产业化发展的重要途径。在实际操作过程中，一些农业公司为了更好地控制农产品产销的各个环节，往往以组织合作社的方式介入生产过程，尤其是对农村土地流转抱有极大的兴趣。资本主导型合作社很容易因为企业和农民之间的利益冲突，作出侵害农民利益的行为。本质上，资本主导型专业合作社，只是外来工商资本介入农业生产领域的触角，只有极少数农民参与甚至没有农民参与，并未体现农民合作的本质。

三是村干部代理型。近年来，一些地方为了发展新型农村集体经济，在村党支部和村委会的主导下发展农民专业合作社。根据法律规定，村级组织不能组织成立农民合作社，而是由村级组织带头人成立农民合作社，从而产生了村干部代理型合作社。一部分村干部代理型合作社，因为地方党委和政府制定了较为完善的配套制度，尤其是在控制风险、防止合作社蜕化等方面加强了监管，促进了村集体经济的发展，保证了农民利益。但是还有一部分村干部代理型合作社变成由村干部个人持有的合作社。在很多村庄，村干部往往是大户，其在合作社中的出资数额占绝大多数。因此，相较于大户主导型合作社，村干部代理型合作社更容易变成村干部个人持有的合作社。

"空壳合作社"虽然有不同的类型，但它们有类似的特征。一是名存实亡，有些合作社曾经生产经营过，但因为各种原因停止了运作。这一类合作社虽然在形式上保留了组织和人员注册，但无人负责，也无生产经营活动。同时，这些名存实亡的合作社数量庞大，有些在成立之初就仅是一个形式，当地农民并没有需求，只是为了迎合外界的需要而注册成立。绝大多数名存实亡的合作社，是在经营一段时间以后，因为经营困难而停止了运作，但又没有及时注销。二是偏离了合作社的基本原则。概而言之，农民专业合作社是一个农民组织，其主旨是服务农民。但绝大多数"空壳合作社"存在偏离农民组织的问题，它们或者仅仅为了迎合地方政府创造政绩的需要，或者服务于工商资本，或者服务于极少数的富裕农民。三是违背了合作社的基本规律。合作社的功能建立在农民合作意愿基础之上。但绝大多数"空壳合作社"，不是由农民内生合作动力促成的,而是由大户、资本等外部力量促成的。因此,合作社无法长期运作是必然的结果。四是钻政策的空子。"空壳合作社"一般都有钻政策的空子的特征,其主要精力往往不是放在发展合作经济上,而是放在了谋求其他的利益上。

二、"空壳合作社"的形成机理

"空壳合作社"是制度诱导和利益俘获相互结合的产物。农业生产并非一个标准化活动,不同家庭的土地、种植结构、劳动力、耕作经验、市场网络、风险偏好等都有极大差异,农民合作要达成一个合理的利益和风险分摊机制并不容易。改革开放以来,我国形成了以家庭联产承包责任制为基础、统分结合的双重经营体制。在实践中,家庭经营已经占据了主导地位,集体的组织功能逐渐弱化。在农村税费改革之前,集体通常通过征收集体提留、共同生产费等方式来建设水利、道路等基础设施。2006年我国取消农业税后,"一事一议"作为一个制度补充,成为农民合作的制度框架。但由于失去了强制性,"一事一议"在大多数地区的实施效果并不理想。事实上,一些处于村集体组织下的农民合作实践已经很难维系。例如,农田水利建设已经成为财政负担,很多地区大修机井以解决合作灌溉不畅的问题,可是农民连此类农业基础设施的合作都无法达成,反而要以成本更高的国家化和私人化的方式来替代,这说明农民并不是没有合作的意愿,而是合作存在极大的障碍。

现实中，大多数村集体已经很难在原有的制度框架内组织农民合作，农民专业合作社这一组织形式便应运而生了。但是，在农民专业合作社的制度设计里，存在"空壳合作社"形成的诱导因素。一是农民专业合作社的设立门槛较低。根据相关法律规定，只要有5名农民就可以登记成立农民专业合作社，这几乎是零门槛进入。即使相关法律法规规定了合作社的组织、规章制度和监管要求，也很容易从形式上达到目的。简单而言，农民个体或其他组织很容易在制度上获得合作社的"壳"，却无合作之实，仍然由家庭或企业经营。二是监管不到位。客观上，有关部门很难对合作社的实质经营活动开展有效监管。在实践中，市场监管等部门主要通过年报的方式掌握合作社的经营情况。并且，如果监管部门不主动监控，让合作社主动报送年报，则难以掌握其真实的信息。至于合作社的实际运作过程，监管部门也无有效办法进行监管。因此，大多数情况下，即使合作社名存实亡，监管部门也很难干预。三是利益诱导。《中华人民共和国农民专业合作社法》明确规定，国家对农民专业合作社进行政策扶持。在实践中，各级地方政府都会出台政策加大对合作社的扶持力度。由于合作社的财政支持具有极强的弹性，支持的力度、产业和对象都有比较强的操作性。因此，一些企业或大户为了获得财政支持，甚至普通农户为了套取政府的补贴，也在条件不具备的情况下成立合作社。

实际上，如果没有利益诱导，即使成立门槛低、监管不到位，也不太容易出现"空壳合作社"。绝大多数"空壳合作社",主要是利益俘获的结果。各级政府的相当一部分惠农政策,如项目、资金、税收和用地优惠,都向农民专业合作社倾斜。这使那些从事农业生产经营的利益主体,有极强的动力成立合作社。一些基层工作人员,出于公心或者出于私心,也会在政策执行过程中出现行为偏差。一些地方,只要合作社在形式上达到了政府的要求,即使它没有开展实质性经营活动,也可以获得补贴资金。因此,不少企业和大户的盈利点往往不是通过市场竞争获取利润,而是想尽办法通过"空壳合作社"套取补贴资金。

从这个角度来看,"空壳合作社"成为一些地方政府、有利益关联的基层工作人员,以及某些企业和大户共同谋划的结果。这些组织和个人围绕套取合作社补贴资金,形成了基层灰色利益的分配秩序。一些地方政府为了更好地展示政绩,打造示范点,从而从政策上引导合作社发展的方向;基层工作人员则利用政策信息优势,保证"空壳合作社"能够合法合规地套取补贴资金;企业和大户则通过套取补贴资金,在获得直接经济利益的同时,也和有关部门和基层工作人员建立了稳固的利益网络。反过来看,一旦这个灰色利益分配的网络形成,"空壳合作社"就有了较为稳定的生存空间。

三、"空壳合作社"的影响及纠偏路径

"空壳合作社"违背了农民专业合作社发展的宗旨。成立农

民专业合作社是新时代发展新型农村集体经济的重要举措，其主要目的是服务农民，但绝大多数"空壳合作社"，是由大户或企业主导的，它们和普通农民的利益并不一致。事实上，只要农业利润有限，企业和大户获得的补贴越多，它们从农业利润中获得的份额越多，普通农民的获利就越少。我在调研中发现，不少地方政府和村集体以建立和扶持合作社的形式发展村集体经济，但结果还是由极少数大户获利。现有的法律法规不允许村委会作为独立法人成立农民专业合作社，不少地方政府让村干部代持。地方政府对这些名义上是村集体经济组织的合作社进行政策和经济的扶持，比如对特定农产品进行地理标志认证、开展土地整治、对合作社进行财政补贴。经过努力，一些合作社表面上发展得很好，但实际上，合作社高达95%的股份为村组织带头人所持有，剩余股份也由其亲朋好友所持有，合作社利益不仅和村集体无关，甚至和其他村民无关。即使企业和大户主导的"空壳合作社"发展得再好，最终也容易结出坑农害农的恶果。

　　从更深层次上看，"空壳合作社"破坏了农业生产经营的生态。以农村家庭承包经营为基础的双重经营体制，是一个相对合理和稳定的制度。从实践的效果来看，家庭经营的灵活性和村集体的统筹性，是我国农业生产保持生命力的重要因素，两者缺一不可。农民专业合作社只能是农业生产经营形式的一个补充，很难说它是现代农业发展的方向。这既是由我国集体土地所有制性质所决定的，也是农民合作困境等综合因素造成的。当前，我国还存在大量的小农生产形态。客观上，小农生产依然具有优势。

小农生产大量利用老年人、妇女等不能充分就业的劳动力资源，不仅降低了农民家庭的生活成本，而且低成本、高效率地解决了国家粮食安全和食物供给多样性等问题。只要不刻意地进行政策干预，企业和大户未必能够竞争过小农生产。扶持"空壳合作社"，实际上是在扶持农业企业和大户，它们因为政府补贴的扶持，反而挤压了小农生产的利润空间，破坏了农业生产经营的良好生态。

"空壳合作社"要回归农民合作的本质。在合作的主体上，要坚持以农民为主体。当前，农业生产经营主体多元化，企业和大户在其中具有较大的发言权。因此，在合作社的成立上应该设立保护小农经济的内在机制，在合作社的组织和管理规范内设立保护小农权益的条款，并引导相关的政策扶持转为小农利益，避免农民专业合作社被大户、企业或资本所俘获。

在鼓励和发展农民专业合作社的措施中，需要弱化甚至取消利益刺激的方法，大幅度减少单纯的政府补贴。扶持农民专业合作社，关键是要提高农民的合作水平。其中，加强党和政府对合作社的领导是一条有效路径。据调查，凡是农民专业合作社发展得比较好的地方，无一不是强化了党和政府对农村工作的领导。例如，在发展农民专业合作社的过程中，党的基层组织要注重对它的领导和监督。在山东省烟台市，党支部领导组织发展农民专业合作社取得了明显成效。其基本经验是，通过党支部领导，把发展农民专业合作社和发展集体经济结合起来，让广大农民享受合作社发展的红利，避免出现由"村庄精英"主导的"空壳合作社"。以更长远的眼光来看，需要斩断各类支农资金和项目所形成的基层灰色利益链。一方面，地方政府在出台扶持农民专业合作社的政策措施时，需要实事求是地评估当地的农业产业发展现状，不能搞"政绩工程"，造成支农资金分配不公平问题；另一方面，也需要加强对基层工作者的监督，尤其是要加强对农村微腐败的监督调查，避免基层工作人员和地方"经济精英"结成利益共同体。

村级债务状况与风险防范

当前，相当一部分地区存在村级债务反弹和化解困难的问题。我收集了全国10省27个村的债务情况，在此基础上单独调查了1个中部某县（区）、1个西部某镇的债务情况，发现虽然各地都采取措施着力降低村级债务反弹风险，但一些地方政府化解村级债务的思路不仅无法有效化解村级债务，而且可能潜在地制造更大的债务风险。

一、全国村级债务的总体状况

近年来，各地党委和政府对农村村级债务进行了摸底、锁定和化解。但从调研结果看，全国农村村级债务的规模、分布和内部构成，有极大的复杂性。

从规模上来看，村级债务的总额具有不均衡性。从27个负债村的数据来看，最少的村只有4万元负债，但最多的村竟然达到了1486万元，80%的村庄债务规模在10万—100万元，15%的村庄债务规模在100万—1000万元，两极分化现象极为严重。截至2021年9月，我国中部某地区全部农村村级债务总规模为1.99亿元。其中，负债500万元以上的3个债务大村的债务总额高达4025万元，占全地区总债务的20.26%。从调研的结果来看，该地区的情况具有普遍性，少数债务大村占地方村级债务总规模的很大比例。

从分布情况来看，村级债务的区域分布也不均衡。村级债务在东部、中部、西部地区都有普遍性，但相对而言，中部地区更为普遍，而且规模也比较大。值得注意的是，无论是东部地区，还是中西部地区，村级债务，尤其是较大规模的村级债务，都产生在交通、自然资源和集体经济条件较好的村庄，那些条件较差的村庄反而没有负债或者负债较少。在调查案例中，有浙江省的2个村、山东省的1个村、山西省的2个村、湖北省的2个村、河南省的1个村、陕西省的2个村，这些要么是市郊农村，要么是自然和交通条件相对较好的村，它们的共同特征是有一定的集体经济基础，承担了示范任务，是当地的典型村、示范村和亮点村。

另外，从单独统计的西部某镇25个村的情况看，其中有债务的村达 18 个，占村总数量的 72%，这些村的债务总额达 1600 多万元，其中数额最高的一个村债务竟然高达 900 多万元，最低的一个村债务只有 1000 元。该镇债务集中的 3 个村都是当地政府重点打造的村。其中第一个村的股份经济合作社账面总资产 120 万元，账面负债总额 929 万元；第二个村的股份经济合作社账面总资产 132 万元，账面负债总额 130 万元。第三个村的股份经济合作社账面总资产 835 万元，账面负债总额 88 万元。3 个村的负债均高于普通村。

从债务的内部构成来看，村级债务结构十分复杂，新债和旧债、隐性债务和显性债务之间相互转化，混合存在。以 2004 年农村税费改革作为节点，村级债务可以分为新债和旧债。旧债主要是 20 世纪 90 年代村集体为了完成举办集体企业、升级达标和缴纳农业税费任务而向银行和私人贷款而形成的债务。我们调查发现，当前东部地区和西部地区的债务村庄，几乎全是新债，历史遗留的旧债问题不多。唯一的例外是山东省的一个村，它至今仍有 1994 年的村级债务。

但是中部地区的很多村庄，旧债未化解，又增加了新债。典型的案例是湖北省的 2 个村，2004 年的旧债并未得到化解，又因为新建办公场所而增加了新债。湖北省的另外一个村虽然未增加新债，但历史遗留下的 50 万元旧债一直未得以化解。

村级债务还呈现出显性债务和隐性债务共存的特征。我们调查发现，80% 以上的新型村级债务都与工程项目建设有关。工程项目建设存在周期性，有些村庄虽然负债了，但因项目未完工或已经完工未审计，债务并未入账，由此形成了隐性债务。例如，湖北省某村有 60 万元的债务是村集体和施工方协商，由施工方垫资建设而造成的，并未登记入账。

有一些村庄在项目建设中形成了固定资产，属于集体流动资产转化为固定资产，但由于项目并未运营，固定资产无法被盘活，这也算作集体债务。在 27 个案例村中，凡是进行了旅游开发却未能运营的村庄，均存在类似的情况。

有些村庄存在村民小组内部往来债务，如湖北省某村有几个村民小组的房屋和土地被政府征用，其中 1462 万元的补偿款被村集体借用搞基础设施建设，由此形成了巨额村级债务。

从趋势上来看，村级债务呈现出稳定增长的趋势。即使近年来有关部门出台措施着力化解村级债务，村级债务也未减少。27 个案例村的债务，基本上都是最近 10 年形成的，不少村级债务在近两三年内形成。尤为值得关注的是，有些村庄一方面在脱贫攻坚、发展集体经济，另一方面却在增加债务。例如，山东省某村的债务，便是在农家乐扶贫项目中产生的。

二、新型村级债务形成的原因

近年来在农村形成的村级债务中，政策诱导型债务占主要部分。客观而言，当前因村干部腐败等村庄内因形成的村级债务，已经极为少见。在 27 个案例村中，没有一个村属于这种情况。绝大多数村级债务都是在政策诱导和基层政府引导或主导的情况下，被动形成的村级债务。

具体而言，政策诱导型债务主要有以下3种类型：

一是通过政策驱动的产业发展，因不符合市场经济规律所导致的村级债务。在27个案例村中，由于不切实际的产业发展和旅游开发而造成的债务村共有4个，分别是浙江省的1个村、山东省的2个村，以及湖北省的1个村。在政策驱动的乡村产业中，乡村旅游产业因为投资巨大且周期较长，很容易使村庄陷入投资不足的困局，造成集体暂时性被动投资或垫资。

二是由不合理的项目投入方式所导致的村级债务。近几年，"以奖代补"是农村基础设施建设的主要投资方式，一些村庄在地方政府引导和主导下，往往采取高标准的方式先行开展项目建设，以期获得奖励项目。例如，2016年湖北省某村在无规划、无项目、无资金的情况下，启动了办公大楼建设和周边环境整治。截至2019年底，该村不仅花光了50万元的集体存款，还负债270万元。尽管上级政府承诺给予150万元以奖代补资金，但最终资金并未到位。即便资金到位，村集体还欠有100多万元债务。

实际上，即使按照正常项目申报的方式开展基础设施建设，也可能产生村级债务。因为项目资金的核算只考虑工程建设需要，并不配备工作经费和其他开支。工程实施过程完全按照"项目制"的方式封闭运作，由施工单位负责实施，乡镇政府和村级组织负责协调。一旦项目实施过程发生意外，就可能增加乡镇政府和村级组织的负担。2018年，福建省的某村开展小流域综合治理工程，在施工过程中根据实际情况变更了施工方案，增加了30

多万元的项目成本。这一项成本成为村级债务，直到2021年春才通过申请资金给予解决。由此可见，项目实施越多，村级组织的开支就越大，这无形中也增加了产生村级债务的风险。

三是新型达标升级导致的村级债务。当前，因维持村级组织运转而形成的村级债务，比较罕见。在27个案例村中，仅有贵州省的1个村的债务属于这一类型债务。当地村级组织的办公经费无法保障，有一部分需要村级组织自筹，由此形成了村级债务。绝大多数村级债务都是新型达标升级造成的债务。

第一，试点示范。在27个案例村中，很多村庄承担了试点示范任务。试点示范具有超前性、高标准的特征，承担示范任务便意味着村庄实现跨越式发展。但就实施效果而言，试点示范具有较强的政府主导特征，很容易变成"政绩工程"，造成资源浪费，并形成村级债务。课题组的调研发现，有些示范村还没开始示范，便花费了巨额的规划设计费用和申报费用，造成了村级负担。例如，湖北省某村的150万元债务中，就包括20万元的规划费和16万元的材料费。

第二，公共服务标准化。在27个案例村中，有3个村为了完成农村社区服务标准化的要求，在财政能力不足的情况下修建了办公大楼，从而造成村级债务。另外，人居环境治理的常态化维护成了几乎所有案例村的沉重负担。例如，河南省某个村没有任何集体经济收入，但每年要花费3万—4万元的垃圾清运费，这是村级债务形成的重要诱因。

从深层原因上看，新型村级债务的形成源自稳定的制度结构。

这一制度结构包括以下3个相互联系的机制：

一是以"以奖代补"为代表的项目资源下乡方式。这是新型村级债务形成的客观原因。大量的村庄基础设施建设和产业发展项目需要地方政府和村集体提供配套资金，而绝大多数中西部农村地区的财政能力有限，集体经济基础薄弱，无法及时、充足地提供配套资金，由此产生了村级债务。

二是部分地方政府和村级组织有追求政绩的内生动力。这是村级债务产生的主观原因。绝大多数典型村、示范村、亮点村都有超前发展的特征，都建立在巨额投资的基础上，这就造成了越是先进村，它的负债往往越重的局面。

三是部分村级组织带头人具有趋利行为。他们具有极强的"跑项目"能力，借用私人关系网络让施工单位垫资，村企共同"经营村庄"，这是村级债务形成的催化剂。

三、村级债务风险及防范对策

村级债务制造了严重的基层治理风险。新型村级债务在东部、中部、西部地区都具有普遍性。而在中部地区，很多村庄呈现出"旧债未了、新债又起"的严重局面。且哪怕只有新型债务，也普遍存在"用新账还旧账"的局面。如果没有政府强有力的干预，村级债务持续增长的态势得不到遏制。

旧债的债权人主要是20世纪90年代的村干部和村干部的亲属。由于旧债未了，一些村民成为乡村治理的分裂力量，村庄基础设施建设和产业发展遭遇障碍。新债的债权人主要是地方上的老板群体，他们通过垫资参与村庄建设和发展，即便其中无任何违规之处，也容易让群众产生微腐败的联想。而一旦项目陷入困境，则很容易引发债务纠纷。

对村级债务的化解，应该采取差异化政策。对于旧债，由于各地都经过多次的核查和锁定，债务的规模、构成和性质等都是比较清楚的，应该无条件地、尽快地采取有效措施加以化解。而对于新债，则应该着眼于乡村建设的政策调整。

一是避免新型升级达标行动增加村级债务。自从乡村振兴战略实施以来，各地出现了新一轮的农村基础设施建设和公共服务的升级达标行动，并以人居环境治理和农村社区化建设为重点。湖北省某村所在的县为了在规定时间内建成全覆盖、高标准的村级党群服务中心，实施了大规模的村庄合并。即便如此，该村还是产生了村级债务。而在人居环境治理过程中，不仅需要一次性投入巨额资金，而且垃圾打扫、清运和公厕维护等，需要长期投入资金，但绝大多数中西部农村地区村级组织的办公经费极其有限，连村干部待遇都难以保障，不可能承担环境治理等公共服务责任。各地要量力而行，避免层层加码，不给村庄增加负担。

二是避免村集体经济发展"大跃进"。村级债务往往源自村集体经济基础薄弱，但从案例村的经验看，发展村集体经济有时也会产生村级债务。村集体经济发展有市场风险，产业发展不当很容易产生村级债务。当前，全国各地都在大力发展村集体经济，不少省份还下达了指标，如消灭村集体经济空心村，还规定村庄集体经济收入要达到一定规模。地方政府对这种违背市场规律且存在极大债务风险的政策，必须谨慎评估。

结合当前农村的实际情况来看，村级组织应积极开展围绕土地、物业等集体资源的清理，依托现有资源盘活存量资产，探索土地合作、劳务合作、物业出租等无市场风险或市场风险较小的集体经济发展路径，寻找发展集体经济的新模式。

三是要保证村级组织的基本运转。调查发现，一些欠发达地区的财政无法保障村级组织的正常运转，甚至连办公经费都无法足额发放，因此造成了村级债务。建议将村级组织的基本运转纳入省级财政盘子，由省一级财政加以保障。

四是增强对地方政府和村干部行为的引导、规范和监督。要建立地方政府在村一级开展的示范试点工作的财务风险评估机制，避免由政府主导或引导增加村级债务风险。基层政府应加强对村一级的指导，强化乡村关联机制，对村干部行为进行积极引导与有效规范、监督，进一步完善"村财镇管"制度，健全村民理财小组，强化民主监督，完善村级财务公开制度，健全村级财务审计制度。

城乡融合发展的根基

近年来，从中央到地方都在倡导城乡融合，但究竟什么是融合、怎么融合，如何重塑城乡关系呢？

需要明确的是，当前，城乡关系正处在融合发展过程中，但还没有完全融合。从学理和历史规律来讲，现代化使国家和社会变得更加美好，但是现代化的过程是非常危险的。我们也正面临这个悖论。

社会在发生巨变，是质变不是量变，全社会所有人以及人的行为逻辑也在发生改变。

举一个例子，过去，我们的生活习惯是量入为出。赚得少，花得就少，尽可能储蓄多一些，以备将来不时之需。有了这种稳定性、安全感，人们的行为就不会那么激进。但如今的年青一代，他们的生活环境发生了巨大变化，基本物质生活条件有保障，所以他们没有强烈的风险意识。从某种意义上说，超前消费已经不是个人的选择，而是生活的必需品。

为什么现在农村有高价彩礼现象呢？高价彩礼的实质就是父代把家庭资源通过彩礼的方式转移给后代。年轻夫妇要过上一种高品质、不同于上一代人的生活，要房子、车子，还有高消费。

但两个年轻人可能什么都没有，甚至连维持生存都是个问题。过去有个说法，叫"成家立业"，成了家，就要"立门户"，基本上就可以自己过日子了。如今，一些年轻人即使已经成家，也无法真正地立起门户。所以，高价彩礼现象其实是代际关系问题，是生活方式转型问题，嫁妆和彩礼都是财富转移机制，高价彩礼是用来支撑这种虚幻的、实际上自己并没有能力开创的现代生活。

城市年轻白领也是如此。在上海，大部分年轻人月收入一两万元，除去租房子几千元，剩不了多少钱，这些预留的钱，用于享受上海的时髦生活，就没有了。过去，上海有很多大排档，年龄大一点的人，夜生活吃大排档就觉得很好。如今，多数年轻人的夜生活是逛酒吧。大排档和酒吧，代表的是两种不同的生活方式，当然也代表两种不同的消费理念。社会在宣扬消费主义，制造某类生活方式，"不这样生活似乎就不会过日子了"。

钱不够了，怎么办？那就贷款。所以网贷以及其他互联网金融产品如此发达。在过去的生活逻辑中，整个国家都有乡土性，在一个比较稳定的社会形态中，这些都是我们有能力获得的东西，不是必需品，不涉及生存问题，而是消遣性物品。但在消费主义逻辑之下，这些消遣性物品就是每个人的必需品。年轻人非得有汽车，不管是在农村还是在城里，不管是打工还是无业，没有汽车，就抬不起头，觉得浑身不自在。这和经济条件没关系，是他们的生活方式、行为逻辑、价值理念发生了改变。

一个透支的社会已经来临。人在透支自己的信用，还不起就"破产"，人与人之间的信任关系也断裂了。如此一来，整个社会的信任关系也就变得不正常了，这是我们在社会巨变时代遇到的一个危机。

乡村是一个根基，其背后有什么意义？乡村的文化和社会意义都很重要，它们代表了稳定、踏实，有落叶归根的含义。

这是乡土社会运转千百年以来形成的一套合理的生活方式和行为方式，以其为支撑的社会更加稳定。有时候，我们会发现，在乡土社会中成长起来的人，在现代社会中非常谨慎，应对危机的能力也比较强。老一辈的人，居安思危的观念非常强，这其实是乡土社会影响的结果。

但今天年轻人的这类观念很淡薄，金融资本、商业资本的逻辑影响了生活，而资本是冒险的，不喜欢稳定。中国的互联网发展迅速，但它是一把双刃剑，一旦资本的逻辑或价值观通过互联网技术渗透到社会，就会改造全社会。

乡村本身已经被瓦解得支离破碎，但我们确实仍拥有这样一个空间。例如，有的学者主要从退路的角度来论证乡村根基，土地荒着就荒着，说明中国粮食安全没问题，不要瞎折腾它，为什么要把它变现？房子稍微破一点就破一点，为什么一定要拆除？农民在农村有宅基地、有房子，如果哪一天不想在城里生活和工作了，回去维修一下还能住。

我们作为一个个体，甚至某个领域的专家，可以不考虑风险应对。例如，经济学家很清楚经济发展有金融风险，金融危机来了就调整政策应对，何况金融危机本来就有周期性，所以这很正常。但是，国家必须考虑金融风险的政治和社会后果。一旦发生社会危机，就意味着整个社会可能要用几十年甚至上百年修复。如果是政治风险那就更麻烦了，可能要用几代人的时间才能恢复过来，这得付出多大的代价？从稳健的角度考虑问题，维持社会的基本秩序，才是关键。社会巨变不可逆转，尽量守住农村的根基，这一点特别重要。

因此，什么才是真正意义的乡村振兴？守住根也好，留一条退路也罢，这是乡村建设必须做的事，虽然不需要做得有多好，但要做。土地制度、社会保障制度等社会政策是用来保障的，而不是用来发展的。制度最重要的功能在于稳定，要让人们有预期。

例如，为什么土地集体所有制特别重要？集体所有制既不是私有制，也不是国有制，在集体所有制下，土地利益就很难直接变现。即便国家有需要，要转化成国有用地，还得有一道手续，制度上都有控制，这恰恰说明农村是一个单独的空间。发挥这些制度优势就很重要。

当前的乡村建设，比较关注物质层面，把农村建设得好一些，这没问题，但物质建设不等于盲目跟风赶时髦。城市要建公园，是为了服务城市环境以及在这个环境中工作和生活的人，让他们有休闲娱乐的场所。简单地说，公园本来就是"城市"的产物。但农村有这个需求吗？搞人居环境治理，出发点是好的，但搞着搞着非要拆农民的房子，不让农民烧火炕，似乎过去千百年来农民的生活方式都是错的。北方一个种桃大县，过去的果树枝都是收集起来生火做饭的，做的饭还很香，是真正的循环利用。有的地方政府搞一刀切，把农民家的炕和灶都封了，让农民改用天然气和电。结果，果树枝没地方去，反而污染了环境。政府补贴了大量资金给农民供应能源，但因为这些钱不够支付取暖费用，所以一些农民对此不满意。

很多地方的乡村振兴样板，几乎都是高成本、不接地气，而且是不可持续的。原因就在于，推动乡村振兴的思维陷入了误区。乡村建设要用建设性的、保底的、提供基本服务和生活保障的思维去做，渐进式思路非常重要。

乡村振兴最重要的并非物质，而是文化和社会制度。举一个例子，农村老年人的养老问题，大部分人进城以后，还有一些老年人需要在农村养老。年轻人通过彩礼或其他聚集财产的方式进了城，这是以老一辈人仍然在农村生活和养老为前提的。这部分老年人只能生活在农村，因为他们在城里待不下去。

如前所述，留住乡村的根很重要，它是我们应对转型社会问题时的重要战略性资源。农村可以给这一代老人提供保障，顺利渡过中国社会的人口老龄化危机。如果按传统的生活方式或保障方式，通过家庭养老，老人再多也没问题，那属于家庭内部功能，在农村养老对社会造成的负担比较小。但中国正处于城镇化过程中，社会保障已全覆盖，如果社保基金出问题、养老金出问题，社会就会出现危机。

我们要提供一种"高福利、低成本"的养老方式。而农村的养老成本确实比较低，因为它有一些自然资源。例如，农民到了60岁以后还可以继续干活儿——现在种地也不是体力活儿了，种到70岁都没问题，这相当于为社会节省了10年的养老成本。

但在城市中，居民 60 岁退休后很难再就业，于是很多人选择了旅游休闲。从社会运转成本的角度来讲，这种养老方式的成本相对比较高，这是国家出台延迟退休年龄政策的原因。农村老人的养老金标准不高，但全国养老金盘子大，财政负担比较重。农村生活成本低，一部分身体健康的老年人还可以通过劳动创造财富。其实，中国粮食安全的一个重要保障就是"老年农业"，一部分农村老年人不仅能实现粮食自给自足，而且还可以为社会提供粮食，这是多么好的制度！所以，农村是应对国家和社会转型的战略空间。

城乡融合发展的前景

一、城乡二元结构的弹性

当前，城乡制度的二元性越来越淡，但是保持二元性很有必要。问题的关键不在于是不是二元，而在于二元是刚性的还是柔性的。所谓"刚性"，是指农民与城市居民之间身份互换面临着强大的制度障碍。所谓"柔性"，是指既保留两种制度形态，又可以有所互动。

制度的弹性比争论一元、二元问题更重要。柔性的二元结构好于一元，因为社会效率的保持有赖于稳定性与弹性的维持，而二元结构保障了其弹性。

但刚性的二元结构差于一元结构，如果说过去刚性的二元结构顺应了某些社会现状与经济制度，满足了当时的诉求，那么，在今天市场化的环境下与强调"城乡融合"的语境下，再用刚性的二元结构就不合适了，这是在人为地制造制度障碍。

随着改革开放以来城镇化进程的加快与城镇的不断扩张，城乡二元户籍制度变得越来越柔和，这是与社会经济发展阶段相匹配的。

我们无法用今天的标准评判过去，放在当时，二元结构就是合适的，尽管它也有一些与社会不相适应的地方。二元结构不仅包括户籍制度，还包括土地制度，这既是国家出于战略考量设计出来的制度，又是因为客观上中国长期保持着城市与乡村两种社会形态，所以要用两种不同的制度来治理。

此前的二元结构主要是农村服务城市，当时国家层面的主要战略是通过城镇化和工业化来完成整个国家的现代化进程。所以，包括人力、物力、财力在内的所有资源向城镇化与工业化倾斜是必然的。这也就注定了二元结构的重点是让农村的资源向城市转移，让农业的剩余利润向工业集中，最终形成了农村服务城市的局面。

但今天的二元结构是反过来的，它的目标是城市服务农村，工业反哺农业，虽然看上去还是二元的，但其内涵已经改变。不能说城市服务农村是一件特别高尚的事情，在过去，农村服务城市就是服务国家总体现代化进程，今天城市服务农村，也是现代化的一部分，只不过，二者处于不同的现代化阶段。

第一个阶段尚属工业化的初级阶段，需要通过工业积累和城镇化发展来拉动工业体系的建立和高科技产业的发展。今天我们已经迈入第二个阶段，即让农村分享改革开放与城镇化的红利，两个阶段之间不是割裂的，第二个阶段也绝非对前一个阶段的颠覆。

一些人认为，过去城市从农村获取的资源太多，所以现在城市要反哺农村。但是，在第一个阶段，农村也受益于城镇化。例如，20 世纪 70 年代初期，中国化肥工业体系基本成型，随后全国推广杂交水稻等技术。今天，对我们而言，化肥工业是一个很普通的事物，但在农业社会里，建立一个完整的化肥工业体系就是国家工业能力的体现。20 世纪 70 年代末 80 年代初，随着家庭联产承包责任制的实行，农业产量与农业生产效率都有所提高，原因看似是分田到户让大家吃饱饭了，但细究起来，真正的原因是农业技术的发展提高了农业的生产效率。

还有一个更典型的案例——乡镇企业。为什么现在长江三角洲地区是经济发展高地？这是因为苏南地带从 20 世纪 90 年代就开始发展工业园模式。为什么苏南地区能把工业园模式发展起来？因为这里有土地，而且是建设用地。建设用地从何处来？20 世纪 90 年代，乡镇企业改制，小工业就发展不下去了，很多企业垮掉了，于是当地政府把土地集中起来用于招商引资。但是，最早乡镇企业的建设用地是怎么来的？乡镇企业是怎么发展起来的？乡镇企业是从社队企业发展而来的。在计划经济时代，上海市有很多大型工厂，也有一些配套的小工厂，在离上海比较近的苏南地区，就有很多社队小企业。这些社队企业，包括后来乡镇企业主要的技术人员和装备，都是从上海等大城市转移过去的。

所以，即使在城乡二元结构刚性比较强的时候，城乡关系也不纯粹是城市向农村索取的关系，其实农村也是受益者，只不过从总体上看，过去主要是农村服务城市，而今天是城市服务农村。

二、土地指标不值钱

实现乡村振兴战略目标，不应建立在靠土地生财的基础上。土地的产出在既有的约束条件下是固定的，折腾土地是没有意义的。现在最需要振兴的地方是中西部农村，但中西部农村最不缺土地，缺土地的是大城市、我国东部发达地区。所以，土地值钱，不是土地本身值钱，而是附着在上面的产出值钱。因为浙江和江苏地处长江三角洲地区，土地要配套城市生活和工业生产，所以很值钱。而我国中西部地区的农村以发展农业为主，农业的产值较低，所以这里的土地指标不值钱。

根据政策要求，土地出让金由税务部门征收，要按比例拨发用于支持乡村振兴。这导致很多地方都在指望这笔资金。2019年，中央农村工作领导小组办公室测算用7万亿元在5年内完成乡村振兴的指标和任务，但是国家财政的转移支付非常有限，做不了太多项目，所以每个地方政府都要自己想办法，其中一个办法就是靠土地。但是，并不是每个地方政府都能卖土地，我国东部地区因为有产业，土地可以招商引资，所以东部地区的土地值钱，也可以赚钱。但是我国中西部地区土地产出值较低，能把它出让给谁呢？

如果一定要动土地，那么，要坚持两个前提：第一，不要影响农民生计；第二，不要影响农民的自主选择。

2021年1月，中共中央办公厅、国务院办公厅印发《建设高标准市场体系行动方案》，提出开展土地指标跨区域交易试点，探索建立全国性的建设用地指标跨区域交易机制。目前，这个政策适用范围很小，只允许几个深度贫困地区跨区域（省际）出让指标。如果要扩大指标，扩大到什么程度也是一个问题。土地指标之所以值钱，是因为宏观调控政策空间收窄，不让交易。一旦放开，指标就不值钱了，因为可以供应土地的地方太多，而只有我国东部地区的少数几个城市需要土地。

土地指标跨区域交易的本质是，发达地区通过政策杠杆将钱转移到经济发展比较落后的地区，土地承担转移的载体。举一个例子，前几年脱贫攻坚时，安徽省合肥市购买了金寨县50亿元的土地指标。但合肥市并不缺土地。真正的土地交易市场不存在，这个市场是政策调控出来的，土地交易指标也是国土部门设计出来的一种管理手段。土地本身不可移动，只是通过土地指标交易，让资金实现跨区域转移而已。

此前，通过税收实现区域利益调整，这是合理的。我们划拨一块土地给发达地区用于建设工厂，然后向中央缴税，中央再通过税收财政转移支付给经济欠发达的地区。但是现在，通过跨区域的土地指标交易，可以让土地自己生钱。其实，这些土地上产出的钱，本质上也是区域利益调整的结果。

有人希望通过盘活农村土地，进而获得红利，这种思路可能行不通。因为土地指标一旦放开就不值钱了。在想象中，宅基地一旦入市就值钱了。浙江省各城市周边农村的宅基地值钱，是因为当地城镇化和工业化水平高，导致土地增值收益高，这与盘活不盘活没有关系。

真正适合盘活的是从前乡镇企业废弃的建设土地，但这个数量极少，而且只有收紧盘活的指标，才能让少数地方受益。

现在的土地政策有内卷化倾向，而且越来越复杂。从客观上看，既有的土地政策已经足够丰富完善。例如，政策规定了土地用途管制。耕地保护上画的红线十分清楚，这从最近两年耕地的非农化清理可以看出。城市建设用地指标调控的经验很好，每个城市要按人口、经济发展状况、城镇化水平来调控土地指标。

宅基地的第一个功能是居住，第二个功能是服务农业生产，第三个功能是为少数城镇化水平高的地方提供休闲服务，第四个功能是承载乡愁。说到底，农村宅基地不具备财产功能，希望通过盘活宅基地来增加农民的财产性收入，是不切实际的想法。

宅基地仍然是集体所有制，也就是福利性供给。对于生活在农村的人来说，宅基地是基本生存需要，也是一种社会性保障。只有少数城镇化水平和工业化水平高的地区才有可能通过盘活宅基地增加财产性收入，而对于大部分中西部地区而言，想通过农村的宅基地赚钱，这个想法既不合理，也不合适。

三、城乡融合发展的远景

城乡社会是一个全新的社会形态。今天的社会形态确实已经变了,在过去比较刚性的城乡二元结构里,城市与乡村是两种物理空间,而且处于隔离状态,农村相对封闭,它可以自我循环,农民生活比较稳定。

今天的城乡社会是城市与乡镇不断交融的结果,城市要素不断地向农村渗透的结果,这不仅包括人口流动,还包括农村社会的逻辑在跟着城市运转。

过去的农村之所以有乡土、乡情,最重要的原因就是人和人之间的关系是有预期的,是有集体主义原则的。但是在现在的农村中的农民都比较理性,会计算人际交往的成本收入,生活方式上也呈现出消费主义的趋势。例如,一定要买车、买房,过上和城市人一样的生活。小镇青年的行为逻辑、生活方式与城市青年没有明显区别,只不过是生活条件略有差异而已。

因此,城乡之间很难再有界限,因为城乡之间在物质与价值观上都逐渐融合。由于交通与网络技术的发展,城乡物理边界有很大的模糊性。

但是,今天谈城乡融合,很大程度上是因为还有农村代际差异。虽然现在的农村青年与城市青年基本没有区别,但是他们的上一代——"60后""70后",却有明显的区别。上一代农村人生活节俭,有很强的家庭、集体、安土重迁的观念,愿意为了子女付出一切。恰恰是父辈的"自我剥削",让农村的"90后""00后"可以过上像城里年轻人一样的生活。并且这代人养老也不可能指望子女,只能依靠自己,生活在农村。

城乡一体化有两个内涵:一是基础设施一体化。例如,城市道路建好后,乡村要实现村村通。二是城乡之间要建立统一的社会保障体系,让农民有更好的社会保障,包括医疗、教育、养老等。今天的城乡融合除了这两个核心的内容以外,还有城乡之间的互联互通。

城乡融合是一个完整的体系,今天的城镇化具有一个空间上的梯度结构,首先,是大城市;其次,是区域性中心城市;再次,是三线城市;最后,是县城、乡镇、村庄。实现城乡融合后,城乡之间的梯度结构形成完整有序的互联互通。

当前,县域城镇化是放在乡村振兴的层面来讲的,不是放在城镇化的角度来讲的。所以,县域城镇化是服务于乡村振兴的。但县城毕竟是城市,这就意味着县域城镇化对新型城镇化也很重要。只有县域一级城乡融合了,城镇化才能持续,国家的城镇化才能完成。城乡融合不能指望北京、上海、广州等大城市,因为大城市已经没有空间了,吸纳人口的能力有限,一部分人口要享受城镇化就必须先进入县城。所以,配套的公共服务也要先进入县城,这样才可以实现公共服务的高质量覆盖。一方面,县域城镇化是完成城镇化的重要抓手;另一方面,它是实现乡村振兴的前提。需要注意的是,县域城镇化不能简单地以提高人口城镇化为导向,而是要以服务农村、农业和农民为导向。县域城镇化不是为了消灭农村,那种不顾产业结构、公共服务水平而简单地经营县城的做法是不可取的。没有县域的城镇化,就没有乡村振兴;但不科学的县域城镇化,也会抑制乡村振兴。

共同富裕的制度逻辑

2021年8月17日,习近平总书记在中央财经委员会第十次会议上发表重要讲话强调,共同富裕是社会主义的本质要求,是中国式现代化的重要特征,要坚持以人民为中心的发展思想,在高质量发展中促进共同富裕。在全面建成小康社会以后,党和国家将共同富裕取得更为明显的实质性进展作为治国理政极端重要的事项,采取了一系列的政策措施,探索新时代背景下实现共同富裕的路径。

共同富裕是中国共产党初心和使命的重要表现,凝聚了几代中国共产党人的智慧和心血。我认为,共同富裕是一个实践产物,我们只有准确认识共同富裕的实践内涵,才能让共同富裕取得更为明显的实质性进展。

一、共同富裕的制度能力

中国是一个社会主义性质的国家，这决定了共同富裕具有坚实的政治、经济和社会基础。从政治上看，中国共产党领导是中国特色社会主义最本质的特征，是中国特色社会主义制度的最大优势。中国共产党是工人阶级的先锋队，其根本宗旨是全心全意为人民服务。这就决定了中国共产党超越某一阶级的利益，不代表任何一个利益集团，而是先进生产力、先进文化和最广大人民根本利益的代表。

共同富裕是中国人民对良政的朴素愿望的表达。《礼记·礼运》中表达了大同思想，"大道之行也，天下为公"，是农耕时代的关于理想社会和美好生活的向往。在历代中国政治实践中，尽管社会是否大同通常是评判政治得失的重要标准，但受制于社会生产力水平和传统政治制度，大同社会并没有现实的制度基础。其核心在于，在传统中国政治实践中，统治者都是特定阶级利益的代表，政治实践也受制于各种利益集团。因此，哪怕是于国于民有利的政治和社会改革，也很可能因为没有共识而功亏一篑。

事实上，近代中国面临深重危机时，无数志士仁人将国强民富当作奋斗终身的目标，学习了西方的技术、文化，乃至政治制度。但是，西方资产阶级民主制度虽然代替了封建专制，却并未改变执政者代表特定阶级利益，依附于特定利益集团的政治局面，国家富强和全民富裕也就无从谈起。直到中国共产党诞生以后，中国共产党领导人民经过艰苦卓绝的革命，建立了全新的社会主义新中国，才使共同富裕有了坚实的制度基础。

中国共产党领导的社会主义政治制度，不仅继承了大一统的政治格局，还吸收了人类近代以来的先进政治成果，形成了独特的制度优势。从共同富裕的实践需求来看，这一制度优势主要表现为强大的国家能力。

一是强大的规划能力。中国式现代化是实现共同富裕的物质基础，是几代中国共产党人擘画的蓝图。新中国成立初期，党的第一代领导集体在谋划国家发展战略时，于1964年提出了工业现代化、农业现代化、国防现代化、科学技术现代化"四个现代化"的目标。改革开放后，邓小平提出了中国现代化建设"三步走"的战略构想，明确提出要在20世纪末建成小康社会，并在21世纪中期基本实现现代化。经过几代中国共产党人的努力，中国式现代化的内涵越来越丰富，但共同富裕一直是中国式现代化的题中应有之义。党的十八大以来，以习近平同志为核心的党中央明确了"两个一百年"奋斗目标，并在建党100周年的历史时刻庄严宣告全面建成了小康社会。这为实现共同富裕的目标奠定了坚实基础。

二是强大的统筹能力。共同富裕是一项复杂的系统工程，无论是建立共同富裕的物质基础，建设中国式现代化，还是协调各方利益共同行动，都需要有强大的统筹能力。中国历来有大一统的政治格局，这为统筹协调各地区和各族人民之间的发展提供了历史基础。在中国共产党的领导下，全国各族人民汇聚在共同富裕的目标之下努力奋斗，这不仅需要通力协作，发展生产，又需要协调利益，实现共同发展。尤其是在兼顾整体利益和局部利益、先富群体和后富群体、长远利益和眼前利益上，需要通过强有力的统筹协调，实现"全国一盘棋"。

三是强大的凝聚力。尽管实现大同是中国历史的基因，实现共同富裕是社会主义的本质要求，追求美好生活也是人们的朴素理想，但如果要把它们转化成为共同富裕的历史动力，就需要有强有力的凝聚力。中国共产党代表了最广大人民的根本利益，通过广泛的宣传教育实践，以及强有力的政策措施，让共同富裕成为全社会的共识。对于普通劳动者而言，通过努力工作步入全面小康，是每个家庭发展的目标。对于企业而言，通过努力生产获得经济效益和社会效益，是企业的责任。对于政府而言，通过创造公平公正的社会环境，为每一位奋斗者提供机会，是政府的责任。正是因为社会中的每一个主体都有高度共识，才使实现共同富裕的目标离我们越来越近。

共同富裕不仅是一项经济行动，而且是一项政治和社会行动，而中国共产党的领导和中国特色社会主义制度，使共同富裕实践具有强大的制度基础。这个制度基础，使共同富裕目标贯穿于社会主义革命、建设和改革的历史过程，最终变成现实。

二、共同富裕的历史实践

中国具备了共同富裕的制度能力，但共同富裕的制度能力要发挥实践效果，真正实现共同富裕的目标，是要建立在一系列的制度实践基础之上的。

从共同富裕的内在结构看，它包括对立统一的两个部分。一是共同富裕是建立在生产力发展的基础之上的。通俗而言，"做大蛋糕"是共同富裕的前提，努力提高效率是共同富裕的题中应有之义。在当前的市场经济格局下，需要充分发挥市场在资源配置中的决定性作用。为了提高效率，要充分保护资本、技术和劳动力等生产要素在"做大蛋糕"过程中的积极性。这就意味着，不同要素在生产力发展、创造社会财富中的作用有差异，其收益分配也必然会产生差距。二是共同富裕建立在生产关系的调整之上。概而言之，如何"分配蛋糕"，不仅关乎发展效率，更关乎社会公平。在社会主义市场经济实践中，资本、技术和劳动力等优化配置，不仅是市场调控的结果，也是社会主义制度干预的结果。我国国民经济以公有制经济为主导，这为建立公平的收入分配格局奠定了基础。此外，中国政府具有较强的产业规划能力，在关键领域可以实现集中力量办大事，这也使监管资本成为可能，以防止资本泛滥影响国计民生。

"贫穷不是社会主义"，如果没有生产力的发展，共同富裕也就没有了基础，生产关系调整的效果也有限。但如果没有通过先富带动后富，合理调整各个利益主体的关系，生产力的发展也会受到约束，实现共同富裕也就毫无可能。共同富裕的政策实践带有具体的时代性和历史性，在理念上、在目标上，共同富裕可以超越时代，但在实现的方式和方法上，又需要科学政策的支撑。

在社会主义革命和建设时期，共同富裕实践的主要领域在于建立了夯实实现共同富裕的制度能力，建立了社会主义性质的政治、经济和社会制度，规划了共同富裕的目标和内涵。人民当家作主的政治制度，使共同富裕有了广泛的社会共识，并成为政治合法性的重要依据。以社会主义公有制为基础的经济制度，为共同富裕奠定了坚实的经济基础，而教育、医疗、养老等社会事业的公益性，以及社会主义保障制度，让共同富裕有了社会基础。这些制度的社会主义性质以及共同富裕的内涵延续至今，并在新的历史条件下发挥了基础性作用。

改革开放以后，共同富裕的制度实践主要表现在两个方面。一是明确了以经济建设为中心，通过市场化改革充分调动各方面的积极性，增强实现共同富裕的物质基础。如果说社会主义革命和建设时期，我国建立了社会主义制度，积蓄了共同富裕的制度能量。那么，改革开放的40多年，便是将社会主义制度和市场经济有机结合，从而使制度能量充分释放出来。其典型表现是，广大人民群众的生活水平有了显著提高，而且相当大一部分群体先富起来，形成了庞大的中等收入群体。二是通过公共政策，提供范围更为广泛、水平更高的公共服务。中国建立了全世界最庞大的社会保障体系，弱势群体的生活有了保障；通过持续几十年的贫困治理，消除了绝对贫困。

当前，共同富裕进入了以收入分配为核心的制度实践，构建了初次分配、二次分配和三次分配的协调配套的基础性制度安排。从本质上看，共同富裕的分配制度安排，是对过去多年积累下来的制度成果的转化和运用。初次分配是以效率为中心的分配制度，体现为不同的生产要素在生产收益中的比例。在社会主义公有制下，国有经济在国民经济中占据主导地位，保障了大部分社会财富属于全体人民。农村集体所有制，使农民不仅可以参与初次分配，而且可以通过生产资料的经营和使用获得利益。

20世纪90年代，中国开启了分税制改革以后，国家汲取经验的能力不断加强，这为通过税收和财政来实现二次分配，奠定了坚实的基础。欠发达地区能够获得较多财政转移支付，低收入人群和弱势群体可以获得较好的照顾，都是建立在强大经验汲取能力的基础之上的。更重要的是，中国已经建立了一些行之有效的合理调配二次分配的基础性制度安排。例如，通过集中力量办大事和对口帮扶制度，中国取得了脱贫攻坚战的胜利，让数亿贫困人口摆脱了贫困；通过新型农业合作医疗、户籍制度改革等一系列制度安排，让农村获得了长足发展，让留守农村的弱势群体也能享受国家的基本公共服务。

中国历来就有一方有难、八方支援的制度实践，基层社会一直有扶危济困的道德传统，这使以公益为核心的三次分配具有深厚的社会基础。当前，通过建立完善关于高收入人群公益慈善行为的激励和保障机制，能够直接拉平高收入群体和低收入群体的差距，对形成"中间大、两头小"的橄榄形收入分配结构，具有重要意义。近年来，各地通过鼓励社会扶贫，建立乡贤会，培育社会组织等实践，探索了具有中国特色的三次分配路径。

需要指出的是，共同富裕在不同时期的制度实践并不是简单的替代过程,而是不断融合、相互完善的过程。具体而言,新中国成立以后的现代国家建设,为共同富裕建立了制度的基层架构。改革开放的市场实践以及福利制度构建,为共同富裕奠定了雄厚的物质基础。当前正在推行的初次分配、二次分配和三次分配的制度安排,则为真正实现共同富裕提供了操作方案。

三、实现共同富裕的路径

当前,共同富裕面临着极大挑战。这主要体现在两个方面:一是中国经济发展进入了新发展阶段,通过高增长率来实现大多数人民的富裕的挑战越来越大。同时,改革开放40多年以来形成了庞大的中等收入群体,其支出压力越来越大。这就导致了低收入群体的财富增长有限,而中等收入群体因为支出压力大,维持较为宽裕的生活也比较困难。二是当前中国仍然存在较大的收入分配差距。具体而言,地区差距、城乡差距和先富群体和后富群体之间的差距,仍然明显,并且,这三大差距又相互叠加,使实现共同富裕的目标变得更加复杂。因此,实现共同富裕的路径需要两条腿走路:经济发展和分配制度改革并重,收入增长和降低支出压力并重。

实现共同富裕需要共同奋斗,这是根本路径。当前,我国虽然已经全面建成小康社会,但仍然处于社会主义初级阶段,是一个发展中国家。对于大多数欠发达地区而言,发展经济仍然是首要任务。中国建立了区域协调发展机制,通过财政转移支付,保障了欠发达地区的基本公共服务；通过对口帮扶机制，实现了发达地区和欠发达地区的资源共享和优势互补。另外，如生态补偿机制等政策，也有协调区域发展的功能。但是，归根到底，欠发达地区的发展需要其充分发挥主观能动性，依靠自己的努力，利用比较优势发展起来。

实现共同富裕是建立在社会主义劳动伦理基础之上的，幸福生活需要依靠双手创造。因此，在奔向共同富裕的过程中，需要防止陷入福利国家的陷阱，避免"等靠要""养懒汉"。中国在长期的反贫困实践过程中，总结出了开发式扶贫、扶贫先扶志、扶贫先扶智等行之有效的经验，这些经验同样适用于实现共同富裕目标。一方面，要鼓励勤劳致富，鼓励通过辛勤劳动、合法经营来创造美好生活，为那些有条件、也有意愿的先富群体创造更好的创新、创业条件。另一方面，也要在发展中保障和改善民生，提高后富群体的教育水平，增强其发展能力，畅通其向上流动的渠道。

实现共同富裕不仅要让欠发达地区发展起来，让后富群体富起来，从而增大中等收入群体规模，而且要稳定中等收入群体，让其不至于陷入贫困状态。改革开放40多年来，中国产生了世界上最庞大的中等收入群体。这一群体是千万个家庭通过辛勤劳动、努力奋斗而形成的群体。这一群体的主要力量之一是通过教育、市场历练和劳动收入，最终在城市定居的农村人口。虽然这些中等收入群体的抗风险能力差，却有极强的防止阶层下滑的动力。在过去几年中，中等收入群体把大量收入投入住房、教育、医疗等领域,这极大影响了他们的生活质量。因此,实现共同富裕不仅要通过增加居民收入来扩大中等收入群体,还要通过合理控制房价、治理教育内卷和限制医疗市场化等措施,来减少居民的刚性支出,进而保证中等收入群体的稳定性。

需要注意的是,共同富裕是物质生活和精神生活的双重富裕。对大多数人而言,共同富裕的基础在于劳动收入。因此,建立以社会主义劳动伦理为基础的健康的精神生活,对于实现共同富裕至关重要。有一种观点认为,只有通过增加农民的财产性收入,才能缩小城乡差距,实现共同富裕。然而,实践证明,通过拆迁补偿等实现少数人的一夜暴富,不仅违背了社会公平原则,也违背了社会主义劳动伦理。由此滋生的两极分化现象和社会不公平的心态,已经严重阻碍了共同富裕的实现。社会主义公有制是实现共同富裕的制度保障,它通过保障一些关键的民生事业的公益性,通过在关键领域节制资本,降低居民支出。农村土地集体所有制主要是为农民提供廉价(甚至是免费)的生产资料,其目的不是赋予农民财产权,让其通过财产变现不劳而获,而是让其有条件地通过双手创造幸福生活。

当前,我们比任何时候都接近实现共同富裕的目标,但共同富裕仍然是一个长期的艰巨任务。共同富裕的实现没有现成经验,需要我们不断探索。国家选择浙江省作为共同富裕的示范区,浙江省已经采取了一系列的措施展开探索。虽然浙江省有实现共同富裕的坚实基础,但省内存在城乡差距、区域差距,以及先富群体和后富群体之间的差距,解决这些差距的难度很大。从试验的科学性出发，我们应该容许其探索，并接受探索的任何结果。在方法论上，我们一定要避免"只许成功，不许失败"的示范，只要是经过实践检验的，无论是成功还是失败，都是难得的经验。

总之，共同富裕是一个实践过程。在中国共产党的领导下，共同富裕贯穿于社会主义实践，这种实践在不同的历史阶段为共同富裕奠定了坚实的制度基础。当前，党和国家提出共同富裕要取得实质性进展，这同样需要在实践中加以探索和解决。实践是检验真理的唯一标准，共同富裕没有现成的模式和路径可遵循，需要我们扫除实践中的障碍，进而实现高质量的共同富裕。

劳动伦理与共同富裕

2021年8月，中央财经委员会第十次会议提出研究扎实促进共同富裕，把三次分配作为调节收入分配、实现共同富裕的有效路径。那么，我们应如何理解这个时间点提出共同富裕战略背后的政策逻辑呢？

早在20世纪五六十年代，我国就已经确定了社会主义建设的目标，即实现"四个现代化"。后来，社会主义建设的目标有所调整，从一开始的"两步走"战略，到后来的"三步走"战略，到了党的十八大以后才有了非常明确的路线图,即"两个一百年"奋斗目标,第一个百年奋斗目标是全面建成小康社会,其重要指标是消除绝对贫困;第二个百年奋斗目标,把我国建成富强民主文明和谐美丽的社会主义现代化强国,其重要指标就是实现共同富裕。之前是告别贫困,现在是实现共同富裕,这是"两个一百年"奋斗目标在社会领域的最重要体现。

"两个一百年"奋斗目标体现了社会主义制度的本质特征,即社会主义现代化是共同富裕基础上的现代化。无论是消除绝对贫困还是实现共同富裕,都是社会主义本质的体现,也是现代化普遍规律的一个重要标志,两者加起来就是中国特色社会主义现代化建设的成果。这是共同富裕在现代化进程中的内在逻辑关系。

当今社会正处于一个新业态发展过程中,尤其是信息技术、互联网技术,这加速了财富的集中,这与工业化时代的现代化模式还不太一样,工业化、信息现代化最大的好处是拥有大量产业工人,并且,工业化可以在国际市场上获得较高的利润,会产生一批中等收入群体。

但是,如今,资本获取高额利润的技术已经发展到了不可思议的程度,平台企业与金融行业结合起来,造成大量财富集中,这种集中是极端不合理的。这就是"割韭菜"。谁是"韭菜"?不是穷人,而是中等收入群体,所以新业态不是在造福中等收入群体,而是使中等收入群体萎缩,造成财富高度集中于少数人手中。

因此，现在的经济发展模式比传统发展模式，更有可能制造财富的不平等和社会两极分化，最重要的体现就是中等收入群体有缩小的风险，这体现在两个方面：一是不合理的经济发展模式和技术所导致的结果，即现代资本模式所造成的客观后果，低收入群体被压制，他们的劳动收入总赶不上经济发展速度，而中等收入群体又成了被剥削的对象，很难形成"中间大、两头小"的橄榄形收入分配结构。二是不合理的社会政策造成的中等收入群体缩小，在过去，我们有过这方面的教训。很多陷入中等收入陷阱的新兴经济体，甚至包括很多西方发达国家正在面临的社会问题，本质上是社会政策造成的结果。

在一些奉行新自由主义的国家，整个国家和社会的发展水平达到了发达国家水平，但中等收入群体的压力特别大。对中国而言，过去几十年的市场化改革产生的负面效果也是非常明显的。高房价、就医难、养老难，再加上教育内卷等，对此我们都深有体会。

举一个简单的例子，所有人都搞培训班是没意义的，只有少数人搞培训班才能产生效应。当前，因为中国的中等收入群体逐渐壮大，他们只要有一点钱都往教育里面投，教育培训市场的扩大不是社会发展的表现，而是社会内卷的表现，其实这是一种蜕化。教育产品本身具有公共属性，应该由国家主导的公立学校提供教育服务，这样才能培养出人才。我们要提高教育的效率。

当前，共同富裕的实践正处于关键的时间节点。中国已经全面建成小康社会，但过去的经济政策和社会政策的负面效应已经逐步凸显出来，能否处理好既有的社会矛盾，将直接影响实现共同富裕的质量。

我国是一个发展中国家，内部结构极其复杂。当前，我国的阶层分化程度比西方发达国家要更复杂。因此，收入分配改革就显得极为重要。

改革开放40多年来，我国以经济建设为中心，"让一部分人先富起来"，主要目标是"做大蛋糕"，而不是"分蛋糕"。今天我国宏观政策的主基调还是以经济建设为中心，因为总体上我国还是一个发展中国家，需要不断"做大蛋糕"。对于实现共同富裕而言，财富创造是前提，财富调配只能是补充性质的措施。

三次分配不是最重要的措施，只能说它是倡议性或方向性的指引，为将来的社会政策作准备。目前，三次分配最主要的方法是调整过高收入。例如，娱乐圈的阴阳合同、偷税漏税等违法问题，针对这些问题进行监管。同时，三次分配可以对一些合法但不合理的财富进行政策引导分配。有些属于全社会或国家政策所创造的财富，由于制度或法律法规不健全，从而流入极少数利益群体手中，我们要测算清楚这部分财富，让它回到二次分配渠道。

至于慈善事业，我国一直有一方有难、八方支援，助人为乐的传统，可以去倡导慈善、捐赠等，也可以对此进行规范、鼓励，但它不是收入分配改革中最关键的部分。最关键的部分是初次分配和二次分配。

中国社会是一个城乡二元社会，这是中国社会的一个特征。现阶段我们要客观看待城乡二元社会。例如，大部分低收入群体确实在农村，但他们的生活成本比较低。综合算起来，收入支出相抵消后，他们的生活质量还不算差。事实上，当前有一部分农民生活已经中产化，他们也可以拥有城市中等收入群体的生活质量，也可以享受改革的红利，他们可以生活得更好。如果完善初次分配和二次分配，他们可以从分配中获得更多实惠。例如，产业转移、创造更多的就业机会、改善生活环境，即使不能迅速缩小贫富差距，但至少可以通过初次分配让他们获得更高的收入。

其实，现在我国中西部地区有些工厂的务工收入与沿海发达地区的差别不是特别大，我国中西部地区的务工月收入一般为4000元左右，到沿海发达地区务工月收入可以达到五六千元。但是，初次分配的区域差异还可以进一步缩小。另外，中西部地区的务工收入主要靠加班，在劳动保障、社会福利方面存在短板，总体而言，就是就业质量差，我们可以在这方面着手加以改善。

把经济发展水平调整好，增加初次分配，这很重要。看上去，只是增加了一点点，但数量极其庞大。农民工群体、中等收入群体才是初次分配需要加强关注的重要群体。他们的生活质量一旦提高，他们就会变成真正意义上的中等收入群体。那么，中国就会变成一个真正实现共同富裕的国家。

二次分配主要靠财政和税收方式来实现，中国在这方面有比较成熟、效率也很高的调节机制。例如，脱贫攻坚所用的大量资金主要是靠二次分配来筹集的。说到底，这是中国的政治优势和社会主义本质的体现。所以，社会主义制度既是实现共同富裕的工具，也是实现共同富裕的一个目标。

社会主义国家的政治制度、经济制度等形成了共同富裕的制度基础。在共同富裕的实践过程中，一方面要追求社会发展，另一个方面要追求社会公平。它的实质是追求公平正义，没那么多条条框框，只要大家觉得不公平，社会就有办法解决，因为社会主义制度的架构中具备政策调整的合法性。分配制度领域的改革，本质上还是社会主义社会在制度要求上的体现。

三次分配，目前还只是一个雏形或理念，距离落地实施需要一个过程。但作为一个方向，它是正确的、符合中国特点的。中国将来肯定不会出现那种可以控制社会的超级资本，这在我国是不被允许的。换一句话说，我国不允许有这种利益集团。这也说明中国共产党真的是一个超越集团利益的执政党。中国共产党领导是中国特色社会主义的本质体现，重要原因就是其代表整体利益。

现在政府对大型平台企业加强监管，再加上三次分配政策的出台，这仿佛具有一定指向性。追求社会公平毫无问题，但会不会在某种程度上挫伤企业家的积极性呢？要辩证地看待这个问题。企业想要获得长远发展，与社会的关系必须是共生关系，没有一个企业希望涸泽而渔。例如，一些互联网企业的很大一部分利润来自游戏，但因此造成的一些社会问题，对企业本身也是有影响的。虽然企业的社会责任不是国家政策的强制性要求，但是企业经营活动需要具有社会公益性。

很多互联网企业都积极开展公益事业，参与乡村振兴。一方面，我们要对此表示肯定，它们确实在做一些有意义的事，发挥了企业的优势。另一方面，企业也要有长远考虑。例如，乡村数字化建设，对这些企业而言就是巨大的商机。这些庞大的基金主要用于做这些事，可以说它是公益，也可以说它是在做前期探索，只不过是以公益形式在探索。

共同富裕，只是最终结果，即财富制造出来以后的分配形式。分配制度改革只关心社会创造的总财富最终流向哪个地方，但并不在意财富是从哪里创造出来的。

共同富裕的相关政策，是一种社会性政策。任何一个大型企业想要获得发展，离不开国家和社会的发展。无论是西方国家还是中国，都不存在纯粹意义上的、与政治无关的企业。事实上，所有的经济行为都是嵌入社会中的，经济行为要获得成果，就得与社会制度、政治、风俗习惯、文化等相契合。现在国家提出的战略目标和具体措施，非常明确地向企业释放信号或提出要求。这些要求对所有企业而言都是公平的，并不是针对某个企业。

制造业是国民经济的基础。很多表面看似光鲜亮丽的创新企业不是不重要，而要使国家社会获得长远发展，壮大中等收入群体，还是要靠制造业。当然，第一产业就不用讲了，农业肯定是基础。我们要依靠农业和制造业这两大基石来发展其他产业。有了发达的制造业，初次分配就能催生出很多中等收入群体。

我们必须承认，在中国实现共同富裕，除了个体之间的差异之外，肯定还涉及区域之间的差异，过去通过财政转移方式进行再分配，在共同富裕的议题下，怎样理解个体与个体、区域与区域等不同层面上的差异问题呢？

实现共同富裕有两种政策工具，一种是针对少数人的福利政策，另一种是针对大多数人的社会政策。

针对少数人的福利政策，通俗地讲就是社会特殊群体。例如，极端贫困者、老弱病残等弱势人群。中国是社会主义国家，不能让人们流离失所，这是衡量一个社会是否文明发达、发展是否有质量的重要指标。有一些国家很发达，但满街都是流浪汉，这个社会制度好吗？中国是发展中国家，但现在街头基本看不到流浪汉，这说明我国现有的福利政策在发挥作用。近些年，各地在社会救助层面加大了投入力度，有条件地实现应助尽助，尽管保障救助水平不一定太高，但可以解决基本问题，这很了不起。

农村低保也基本实现应保尽保，并且都是动态的。还有一些针对少数群体的公共服务也在慢慢得到完善。例如，精神病人群体的救助框架正在逐步建立起来。农村精神病人的保障水平还不够高，虽然可以免费住院治疗，但农村的精神病院条件比较差，病人情况也不容乐观，无法得到有质量的救助。但凡有点条件的家庭都不愿意把病人送进去，而是自己带着病人四处求医。我国在精神病人医疗方面存在很大的改进空间。

针对大多数人的社会政策很重要，包括教育、医疗、养老、住房等，这是所有人生存所需要的基本条件，它必须是社会主义性质的，不能完全市场化。在民生领域，我国不反对市场、不反对资本，但社会政策追求社会公平，注重社会的总体效益。如果这些方面能做到相对公平，让普通民众的负担小一些，也意味着收入提高，生活质量改善，这是共同富裕的一个基础。

2021年6月，浙江省被定为共同富裕示范区。既然是带有试验性的示范区，就意味着既有可能成功也有可能失败，如果要求示范区只能成功不能失败，就会造成一些反面效果。举一个例子，浙江省有26个山区县，每个山区县都要投入大量资源，那么，怎么投入呢？一是靠财政，一部分省级财政直接转移支付，这是可以的，也是实现共同富裕的一个普遍操作。二是靠融资。浙江省的山区县都在大搞建设，县城的房价为每平方米两三万元，有不少群众因为拆迁而一夜暴富。这到底是不是共同富裕？各种工程搞得轰轰烈烈，房子一拆，拆迁户都变成了百万富翁，表面看上去是富裕了，但背后的社会成本和代价有多高？浙江省的山区与中西部地区没有什么本质区别，房子和土地都一样，凭什么这里的土地就那么值钱？说白了，这些都是地方债务。

通常而言，通过财政转移支付，该怎么做就怎么做，把社会政策完善起来。例如，通过财政转移支付来保障某地的医疗质量，而不只是浙江的省会杭州的医疗质量高，要保证山区县的医疗质量。另外，住房要有保障，让所有人不为住房发愁。教育质量也要有保障，农村教育资源、山区教师通过统筹方式得到更好的发展。这才是推进实现社会主义共同富裕应该做的事情。但在山区县搞很多高标准项目，要求所有配套设施都是一流的，则有没有必要，对此还需要作进一步探讨。

浙江省的经验表明，共同富裕不是平均富裕，也不是同步富裕。建设投入要有梯度，要去测算当地居住的主要是什么人口、有什么需求，绝对不能搞一刀切。原因主要有两个：一是地方财政是有限的,我国还没有达到发达国家的水平。二是实现共同富裕,要因地制宜、实事求是,不能透支,不能"大干快上"。我们要坚决杜绝表面上的、虚假的共同富裕。

共同富裕最重要的一个前提是劳动创造幸福。无论国家的政策多么好,人民都要依靠自己的奋斗来实现共同富裕。共同富裕绝对不是"等靠要",要避免陷入福利主义的陷阱。否则,人们的物质生活变得丰富了,但精神生活却极其匮乏。如果共同富裕制造了一大批的食利阶层,那不是社会主义国家的共同富裕。

所以,实现共同富裕不单单取决于社会政策是否合理,还取决于社会主义是讲劳动伦理的。关于分配制度,最重要的是初次分配,以按劳分配为主,因为社会主义有劳动伦理,无论是个人幸福还是社会发展,都要依靠自己的奋斗,唯有努力劳动才能提高劳动收入,而二次分配、三次分配只起辅助补充作用。

因此,共同富裕不是有钱、富足,而是要有一套更完善或者能更好运行的经济和社会制度、价值基础。社会主义社会为什么要消除两极分化?这在很大程度上是因为某些人或者企业的财富获得方式违背了社会主义劳动伦理,有一些企业是靠扎扎实实经营而获得财富,而有些企业则是靠"割韭菜"获得财富,两者是有很大差别的。

不富裕的地区和群体不能依靠国家财政,直接变富裕,二次分配为它们提供基础条件,但幸福生活还得靠自己创造,这是最关键的。例如,扶贫先扶志,这是普遍的共识。

一段时期以来,国家监管机构对互联网大企业加强监管,政府实施共同富裕战略，再加上教育政策改革等，种种信息夹杂在一起，仿佛给外界造成了一个印象——"都是资本的错"，甚至有国外媒体声称"中国是不是反资本、反市场"，乃至出现"共同富裕是劫富济贫"的误解。

资本为什么犯错？归根到底还是因为它没有被有效监管。资本是需要驯服的，它本身不存在对错。有人说"资本天生是恶的"，但问题的关键是有没有让资本有"作恶"的条件。同样的道理，权力也需要监管，所以要把权力关进制度的笼子里。在一个正常社会里，需要监管参与财富创造和分配的相关主体，把它们的负面影响降到最低，同时将积极影响发挥到最大。

资本最大的优势是能够高效配置资源，因为资本的嗅觉最灵敏，对生产需求等信息判断也最精准，所以要充分地利用好资本。但与此同时，资本是以利润为导向的，它只考虑效率，只考虑利润最大化。政府可以利用政策工具来监管它、引导它。所以，两者是相互匹配的，政治有伦理，经济也有伦理，搞政治的要注意效率，维护公平是政府的主要职责。而资本在赚钱的同时，要注重公平问题。

初次分配和二次分配之间是相辅相成的关系。初次分配做好了，二次分配就会变得简单一些。例如，通过产业政策和经济布局，将资本引导到中西部地区，中央对这些地方的财政转移支付压力就变小了。初次分配、二次分配、三次分配之间的关系不是对立关系，而是相辅相成的关系。

但作为社会个体而言，要认识到一个重要原则：我国是社会主义国家,但社会主义国家不是福利国家。社会主义国家是一个有劳动伦理的国家。人民当家作主的准确含义是"劳动人民当家作主",通过劳动获得权利,享受社会财富。

叁

城乡社会治理

工程思维治理的限度

一段时期以来，环境治理成为国家治理的重要内容，同时，一些激进的环保措施也成为基层治理冲突的导火索。冲突的根源在于，环境保护是一项生活治理，它与人们的日常生活密切相关，治理绩效取决于生活方式的变革。从这个意义上看，基层治理正在经历一场根本性的目标迭代，从传统意义上的工程建设转向对基层生活方式的重塑。

以目标明确、过程可控、责任可查为特征，尽量排除不确定性的工程治理方式，在治理的目标、内容和方法上都与生活治理之间存在天然的冲突。换而言之，社会工程式的治理方式，并不一定符合农村基层的实际，亟待全方位的治理迭代。

一、以工程思维治国由来已久

中国式现代化是建立在对经济、社会和文化改造的基础之上的。如果没有一系列有组织、有计划的社会工程实践，就不可能有中国如今的发展格局。1949年以后的社会改造，包括土地改革、促进男女平等、提高识字率、发展乡村卫生健康事业等，推翻了所有旧社会机制，是现代社会得以形成的基石。

从某种意义上看，中国能在农业社会时代建立较为成熟的官僚体制和相对成功的中央集权，是源自在应对自然灾害、兴修水利的过程中提高了国家的组织动员和协调能力。而围绕水利建设和水权分配，基层社会冲突比较常见，却促进了社会的发展。例如，很多地方在历史上便存在兴修和协调使用水利设施的社会组织，地方精英和士绅是维持秩序和调解纠纷的重要力量。

要兴建基础设施建设中的大型工程，使其得到持续良好运转，这就需要社会的构建。中国在漫长的农业社会中，小农经济一直占据主导地位。小农分散，需要组织与合作，这一过程是一项极为重要的社会工程。社会治理的核心并不仅仅是将国家资源转化为工程项目，更重要的是要通过工程建设来改造社会。

仅从乡村建设的历史来看，新中国有过不少成功的治理实践。例如，人民公社时期对乡村社会的集体化改造奠定了农田水利建设的组织基础，乃至依靠基层组织来实施的共同生产在人民公社解体后仍然具有鲜活的生命力。那些保持了原有的用水、土地使用等制度的地方，其社会秩序必定比较有序，集体行动能力更容易形成，也就更容易应对新一轮的轰轰烈烈的社会工程建设。例如，那些仍然保留着"三年一小调、五年一大调"制度（三年局部调整，是指减少人口的家庭将土地调整到增加人口的家庭，其他家庭保持不变；五年大调整，是指所有土地先收回，再按照每户人口重新分配）的村庄，其土地细碎化的问题更容易得到解决，这有利于土地整治、水利工程建设项目的实施。

当前，工程思维已经成了国家治理体系的基因，依靠工程项目的管理方法来开展各项治理活动，已成惯例。近年来，随着助农资金的逐年增加，农田水利、土地整理、道路、电力、网络"村村通"等项目不断推进。

从人居环境治理到乡村振兴等战略的实施，均以"行动"等项目制形式加以开展，从本质上而言，是由一个个具体工程所组成的农村社会改造工程——国家制定严格的目标和标准，派遣驻村工作组、专项小组等"施工队"，并对各项工程实施过程开展督查、检验、考核，最终通过多种形式的量化指标，对项目实施的情况进行考核评估。

简而言之，我们不仅在重大工程和科技创新上建立了举国体制，在社会建设领域也以项目工程的形式推动工作，几乎所有国家治理任务都实现了专项管理，国家治理体系被改造成由诸多任务小组组成的项目工程施工体系。这一体系追求标准化、可控性、闭环性，可谓是人力、物力和财力等国家治理资源的重组。

但是，在人民公社解体以后，基层社会重新回到了小农经济状态。另外，随着近些年来人口的快速流动，农村空心化现象愈发严重，连历史上低层次的社会合作组织也难以维系。概而言之，在国家治理体系组织化程度急剧增强的同时，农村社会却不断原子化。从客观上说，如果不重塑基层社会，国家治理在农村将变得困难重重。

一些农村建设项目的浪费现象非常突出。例如，农村税费改革以后，我国投入巨额资金修建的水利工程，却因为无法将农民组织起来进行灌溉而常年荒废。依据我的调研发现，至今这种状况依然存在。2021年5月，我在中部地区的某县调研发现，当地以提高土地质量为目的的土地整治项目虽然花费巨大，却因工程实施无法顾及当地的土质、水系、耕作习惯等实际情况，反而使土地耕作质量下降。

二、农村基层治理的内卷化

今天的基层治理正在经历迭代，无法服务于工程项目和社会改造之间的有效协调。甚至于基层治理体系本身也陷入"两边不讨好"的困境之中，出现了内卷化现象。基层治理迭代主要体现在以下两个方面：

一是基层政府从基层治理者变成了项目"协调者"和"施工队员"。治理者具有极强的政治动能，其治理行为并不是为了完成具体的任务和事项，而是在做工作的过程中形成和被治理者的紧密联系，并以此获得群众的认可和治理合法性。而当前的国家治理体系被改造成各个项目组合单位后，基层政府在国家治理体系中的基石地位就难以凸显，反而被降格为负责项目落地的"协调者"或"施工队员"，成为一个被动的治理主体。最严重的是，基层政府失去了政治动能，很多看似是政治性极强的工作，也仅仅是因为在政策序列中占有优先位置，需要投入更多的人力、物力和注意力而已。基层工作的核心并不是从实质上增强任务的战略性和政治性，在任务完成的过程中动员群众，进而增强群众对国家政策的认知，而是特指"时间紧、任务重"这一工作特性，基层需要采取更多策略完成上级任务。

二是农村社会从一个自治的生活共同体蜕化为一个丧失机能的生活单元。在很长的一段历史时期内，我国对农民生活领域的介入极其有限，农村社会可以自我循环。现如今，农村社会已经失去了自我调节功能，村庄乃至家庭的矛盾都无法通过社会机制自我修复，基层政府被迫介入农民生活领域。一些地区的基层派出所警务活动并不多，但调解家庭纠纷等非警务活动却占据极多警力。在很多地方，乡村中有任何矛盾纠纷，首先想到的不是找中间人或村干部调解，而是通过打110和12345热线等，寄希望于国家专门机关的介入。一旦这些专门机关介入不及时，在失去自我调节功能的乡村社会，社会矛盾便可能被激化。

基层治理迭代造成了一个极为矛盾的现象。一方面，在国家治理体系中，基层政府成为国家治理工程的"施工队员"，基层社会治理的规划与其无关，甚至连规划目标的内涵都不知道，却在实施过程中被严格监管。基层干部成了"办事员"，因为基层干部无法向群众有效传递各个治理任务的实质内涵，无法因地制宜地执行这些任务，群众也就无法认可基层工作，基层干部的政治效能感也就极大降低，认为自己的参与完全无法影响到政府的决策和行动。近年来，国家治理的任务完成了不少，但基层治理的能力和效率却未必得到同步提升，群众的政治效能感也未必有提高。另一方面，基层政府承担了越来越多服务社会改造的任务，俨然成为基层社会的引导者和群众生活的安置者。近年来，国家对农民生活全方位介入，通过移风易俗等措施，对高价彩礼、人情负担重、农村赌博、厚葬薄养等农村文化失调进行干预；通过人居环境治理行动，对农民的生活习惯等进行了干预。生活治理已经成为基层治理中最重要的一项内容。一部分生活治理是国家干预项目，基层政府以"施工队员"的身份出现；另一部分生活治理则是群众要求的结果，基层政府被迫介入其中而不可自拔。无论是哪一种生活治理，基层政府都具有被动性和消极性。

三、时空被压缩的农村社会与暴风骤雨的工程治理

从国家治理的规律而言，社会工程思维有优势，也有局限性。对那些国家重大专项任务而言，项目的形式有利于发挥举国体制、集中力量办大事的制度优势。这些任务，一般都集中于重大基础设施建设，和基层社会的复杂性保持一定距离，也不会在实施过程中改变人们的生活方式，可以实现闭环管理。中国之所以能够在较短的时间内实现现代化赶超，得益于源自农业社会、成熟于工业化时代的项目治国实践。

但是，如今的农村社会是一个时空被压缩了的社会，既有农业社会时代所形成的闲散的、节奏较慢的相对自治的生活方式，也有工业社会塑造的有纪律、节奏快且高度理性的现代生活方式，在遭受"后现代"、个性化的生活方式的冲击。以工程思维，用项目制方式实施社会治理，并不适合大多数生活治理领域。

治理迭代还需要时间。其关键是，要让国家治理工程和基层

社会转型相匹配，而基层政府不该是"施工队员"，而必须是拥有政治效能的治理主体。具体而言，需要全方位地向基层"放权赋能"。"放权"的关键不在于将上级行政部门的职权下放给基层组织，而是要让基层组织拥有根据地方情况和事务的轻重缓急，自主安排事务的权力。"赋能"的关键亦非下沉治理资源，而是要让基层从检查考核等事务中解脱出来，让其真正有时间做群众工作，和群众打成一片。

我们必须把基层从工程治理体系中解放出来。

顶层设计需要借鉴基层探索经验

党的十九届五中全会于 2020 年 10 月在北京召开，重点研究国民经济和社会发展第十四个五年规划和 2035 年远景目标问题并提出建议。为开好这次全会，习近平总书记在那段时期进行了密集调研。2020 年 9 月，习近平总书记在湖南考察期间，专门召开了基层代表座谈会，听取基层的意见和建议。在作出重大决策之前，开门问策、集思广益，在顶层设计过程中充分借鉴基层探索经验，是我们党的优良传统，也是中国特色社会主义制度的优势所在。

一、目标治理需要决策者和执行者相互配合

以五年规划和十五年远景规划为代表的目标治理,是典型的顶层设计。新中国成立以后,尤其是改革开放以来,中国经济社会发展取得了巨大成就,其重要的制度基础便是党和国家保持了强大的目标实现能力———一张蓝图绘到底。而这一制度优势之所以能够实现,在于制定目标具有科学性。概而言之,党和国家领导人亲自调研,决策部门科学规划,社会各界集思广益,让规划目标成为全党全国人民的共识。

顶层设计和基层探索密切互动,提升了国家治理目标实现的能力。从国家治理体系来看,顶层负责政策制定,扮演决策者的角色;基层则负责执行,扮演执行者的角色。决策和执行分离,乃至于两者形成对立关系,是很多国家治理效能不高的制度根源。中国式的目标治理在一定程度上解决了决策和执行相互冲突的问题。其核心经验便是上下级之间建立了畅通的政策沟通机制,在目标制定环节注重顶层设计和基层探索的密切配合。一方面,规划目标要考虑到各级政府部门和各行业的实际情况,让各治理主体局部的、短期的目标和国家整体的、长远的目标相匹配。另一方面,很多规划目标本身就来自基层探索。一些地方在某些政策领域探索出了好的经验,并被反复证明是成功的,代表了整体的、长远的利益,这些基层探索就可以被吸纳为规划目标。

顶层设计和基层探索之间的有效衔接,既是决策科学性的保

证，也是执行有效性的前提。从执行者的角度而言，其行动逻辑固然取决于自身利益，要充分照顾地方实际，但其行为也取决于对目标的认知。如果基层对顶层设计的理念和国家规划的目标认知不清，就很容易陷入部门本位主义和地方保护主义。反之，基层如以不同的形式参与顶层设计，对规划目标具有高度共识，就可以在政策执行过程中自我控制，从而保证规划目标的顺利实现。当局部利益与整体利益发生冲突时，局部利益会服从整体利益；当规划目标和实际不匹配时，基层也会创造条件完成任务、实现目标。

二、顶层设计和基层探索相结合的方法论

顶层设计和基层探索之所以需要有效互动，是因为它是建立在群众路线的方法论和实事求是的思想路线基础之上的。

我们党在长期的革命、建设和改革的过程中，形成了群众路线的工作方法。在群众路线的方法论中，任何工作都要依靠群众，"从群众中来，到群众中去"，好的方针政策和发展规划都必须顺应人民意愿、符合人民所思所盼。它意味着，好的方针政策和发展规划，不应该站在某个特定的利益集团的立场上，而应该坚持最广大人民的根本利益。基层是人民群众生产生活所在，也是政策的落地之处，顶层设计借鉴基层探索，是维护人民群众根本利益的必由之路。

我们党在作出重大决策之前深入基层调查研究，问计于民，

既是群众观点，也是实事求是思想路线的表现。实事求是的思想路线意味着，任何决策都要经历从实践到理论再到实践的过程。基层探索中含有丰富的实践经验，它检验着党的方针政策以及发展规划是否符合实际，是否有利于最广大人民群众的根本利益。而顶层设计本质上是一个理论加工过程，其主要工作是将具体的经验一般化、抽象化，使之转化为各地都要遵循的特定阶段的目标和原则。

当前，世界正处于百年未有之大变局，国内国际环境都发生了巨大改变。经济和社会实践的复杂性急剧增加，制定政策的难度也随之提高，这对重大决策提出了更高的要求。中国特色社会主义进入新时代，我国社会主要矛盾已经转化为人民日益增长的美好生活需要和不平衡不充分的发展之间的矛盾。在不同地区之间发展不平衡问题未能得到根本解决的情况下，国家重大决策的顶层设计本身就包含协调各方利益的过程。并且，顶层设计和基层探索之间是一个双向调适过程，重大决策和战略规划需要凝聚基层共识，而基层的实践效果，又反过来修正决策之中的不合理之处。唯有如此，顶层设计和基层探索之间才能循环往复，最终达到理论和实践的统一。

三、调查研究是顶层设计和基层探索相结合的重要路径

如何实现顶层设计和基层探索的有机结合？深入基层调查研究，了解和掌握一手材料，是重要路径之一。早在革命战争时

期，我们党就把调查研究作为践行实事求是的思想路线的重要方法，"没有调查，就没有发言权"获得了广泛共识。至今，调查研究仍然是各级党委和政府密切联系群众、各级领导干部提高执政水平的重要方法。党的十八大以来，习近平总书记高度重视调查研究工作。他指出，调查研究是谋事之基、成事之道，没有调查就没有发言权，没有调查就没有决策权。习近平总书记身体力行，倡导全党大兴调查研究之风，开展党的群众路线教育实践活动，坚定不移纠"四风"。

长期以来，我们党总结形成了一些行之有效的调查方法。早在革命战争时期，毛泽东就采用实地走访、个别访谈、集体座谈和解剖麻雀的办法，写出了《湖南农民运动考察报告》《中国社会各阶级的分析》《寻乌调查》等光辉文献。新中国成立后，调查研究成为治国理政的重要经验。在作出重大决策部署之前，各级党委和政府的主要领导率先垂范展开基层调研，有关部门通过各种方式掌握第一手材料，已成惯例。

随着社会的发展以及信息技术的进步，调查研究的方法也越来越丰富。如今，不仅有传统的定性调查方法，还有大规模的定量调查方法，乃至大数据分析方法。在"十四五"规划编制工作中，有关部门通过互联网向全社会征求意见和建议，在我国五年规划（计划）编制史上是第一次，获得了习近平总书记的高度肯定。

调查研究仅仅是实现顶层设计和基层探索有机结合的第一步。事实上，在顶层设计和基层探索相结合的过程中，中国式的试点和动员机制也起到了关键作用。有关部门在正式颁布新的政策之前，一般都会经过一个试点阶段。试点具有政策试验的作用，有关部门选择有代表性的地方，在可控的时间和范围内，试行某项政策。通过"边试点、边完善"，决策者根据基层实际，完善政策，使之更具科学性。并且，政策出台后，通过广泛宣传动员，获得全国各地的广泛共识，是基层实践的一部分。

四、开门问策开启共识型决策的新时代

"十四五"规划和远景目标编制工作具有开门问策、集思广益的特征，是中国特色的共识型决策的表现。五年规划编制涉及经济社会发展的方方面面，同人民群众的生产生活息息相关，需要把加强顶层设计和坚持问计于民统一起来。这就意味着，重大决策不仅仅是党和政府的责任，也是人民群众的权利和义务。

共识型决策遵循民主集中制原则。一方面，决策过程具有开放性，开门问策，鼓励广大人民群众和社会各界以各种方式建言献策，实现民主参与。另一方面，决策过程也是一个形成共识的过程，集思广益，不同系统、不同层面的工作人员都参与到决策过程中，尤其是，通过上下级之间的充分的政策沟通，相互交流信息，相互协商，从而达成共识。因此，以五年规划编制工作为典型代表的共识型决策，是集目标治理科学性和合法性于一体的工作。

从"开门问策"的比喻出发，理想型决策方式分为闭门模式、开门模式和半开门模式三种方式。在具有中国特色的共识型决策

模式中，过去占主导地位的是半开门模式。例如，有关部门在问策过程中，习惯于向部分人大代表、政协委员、专家学者和基层代表等征求意见和建议，问计的范围比较小。有关人员和机构，通常也会主动用内参的模式向相关部门建言献策。内参不仅范围有限，而且门槛更高，这本质上也是一种半开门决策模式。

但"十四五"规划编制工作网上征求意见活动的开展，很可能意味着我国的共识型决策正在从半开门模式向开门模式转变。在互联网和大数据技术如此发达的今天，广大人民群众有更加便捷、更加广泛的渠道参政议政，老百姓能更直接参与国是；而利用大数据分析方法，决策部门更容易收集、处理、吸纳群众的意见。

虽然问策模式有所变化，但不变的是我们党走群众路线、坚持实事求是的工作方法和优良传统。决策是理论加工的过程，调查研究是了解实际的过程，唯有先调查研究再进行决策，才能让理论更好地结合实际。重大决策充分征求广大群众的意见，始终站在最广大人民群众的立场上，充分体现了人民当家作主的政权性质。

为民办事的方法

2021年2月20日，习近平总书记在党史学习教育动员大会上指出，要切实为群众办实事解难题。随后，全国各地各部门在开展党史学习教育的过程中，都自觉地将党史学习同解决实际问题结合起来，通过"我为群众办实事"实践活动，把学习成效转化为工作动力和成效。百年党史就是一部和广大人民群众密切联系，坚持为民办事的历史，就是一部见证中华民族从站起来、富起来到强起来的伟大飞跃的历史。我们党在各个历史时期都积累了丰富的为民办事的经验，为基层工作留下了宝贵的财富。

为民办事是由党的宗旨所决定的。全心全意为人民服务是我们党的根本宗旨，这是由党的先锋队性质决定的。历史经验证明，为人民服务是一个蕴涵着人民群众主体性构建的过程。"人民，只有人民，才是创造世界历史的动力"，毛泽东的这一论断决定了为人民服务的方法论。在为人民服务的过程中，党和群众的关系并不是庸俗化的市场关系，而是相互塑造的关系。只有从群众中来，到群众中去，才能让我们党永葆青春；而只有在党的领导之下，人民群众才能真正觉醒，释放出创造美好生活的巨大能量。

群众路线仍然是为民办事的方法准则。在为民办事的过程中，关键在于不仅要组织和动员群众，还要善于采取宣传、教育的措施，让群众把自己的事情办好。那么，如何做好群众工作呢？

今天的中国正面临世界百年未有之大变局，群众的群体构成已经高度复杂。从客观上看，当前的群众中有不同的社会层次群体，也有因为血缘、地缘等关系构成的不同的社会群体，更有利益诉求不尽一致的利益群体。从党的性质和宗旨出发，为人民办事的首要对象是最困难的群众。只有和最困难的群众在一起，才能保持党的本色，也才能在最大程度上团结广大人民群众。2021年7月1日，习近平总书记在庆祝中国共产党成立100周年大会上庄严宣告，经过全党全国各族人民持续奋斗，我们实现了第一个百年奋斗目标，在中华大地上全面建成了小康社会，历史性地解决了绝对贫困问题。这是中国共产党为人民办事的典型表现。近年来，我国已经建成了世界上最大的社会保障体系，人民群众可以均等化地获得教育、医疗、养老等基本公共服务，困难群众还可以获得强有力的最低生活保障。

从历史经验上看，任何一个地方的群众总要分成先进的、中间的和落后的三部分，"抓两头、带中间"是群众工作的基本方法之一。因此，为人民办事不等于为少数群众办事，而是要为所有群众办事。在贫富差距依然存在的今天，通过采取脱贫攻坚和最低生活保障等措施，让公共服务向最困难的群众倾斜，有利于缩小贫富差距，实现共同富裕，这符合最广大人民的根本利益。

为人民服务有具体对象，但要避免这些具体服务成为少数群众的特权。一方面，要建立为人民服务的公共性。党和政府的服务是依据为人民服务的宗旨，按照法律法规和政策规定采取行动，并对所有符合条件的群众一视同仁。唯有如此，才能避免为民服务蜕化成为少数人服务。另一方面，要在服务群众的过程中，帮助和教育群众。在为人民服务的过程中，要坚持动员和教育群众，让其树立自力更生的意识。

为人民办事需要回应社会主要矛盾。今天的中国社会，已经从一个贫穷社会走向了富裕社会。社会的主要矛盾已经转化为人民日益增长的美好生活需要和不平衡不充分的发展之间的矛盾。因此，为人民办事的着眼点是为人民群众追求美好生活创造更加公平公正的环境。

早在革命战争时期，毛泽东就注意到关心群众生活对革命的重要性，"关心群众生活，注意工作方法"是中国共产党领导人民群众取得革命、建设、改革事业成功的一条重要经验。"群众利益无小事"已经渗透到了中国共产党人为人民服务的血脉里，成了基层治理中最重要的准则。过去，关心群众生活主要是解决群众的温饱问题，由于问题清晰，所以为人民服务的针对性比较强。而今天，群众的利益诉求多元复杂，人们关心的不单纯是现实利益的获得，更重要的是分配公平问题。因此，当前为人民服务的内容更需要具体问题具体分析。

大致而言，当前为人民服务的事务包括以下三种类型：

一是基本公共服务产品。人民群众的美好生活建立在良好的公共服务基础之上，包括交通、水利、电力、网络等硬件设施，还有医疗、就业、养老、教育等软件设施。基本公共服务产品具有普惠性特征，是衡量美好生活质量的基础标准。因此，保证基本公共服务的均等化，强基础、补短板，是为人民服务的核心内容。近年来，国家通过道路建设、人居环境治理等乡村建设行动，极大地改善了农村基础设施；通过加大民生服务的力度，建立了全世界最大的社会保障体系。

二是针对特殊人群的特殊服务。保障残疾人、孤寡老人、孤儿等社会弱势群体的生存权利，虽不是普惠性的公共服务，却是现代化国家的基本职能。而针对暂时陷入生活困境的群众的救助，也是建设美好社会的必然要求。我国是一个有优良社会传统的国家，也是一个社会主义国家，对弱势群体的社会救助始终是为人民服务的重要内容。

三是为广大人民群众提供基本秩序。在社会转型的过程中，一些原属于群众自治范围内的事务，由于群众之间无法达成共识，所以需要基层党委和政府组织和动员群众，增强其自我管理、自我服务的能力。群众之间的利益分化，也必然带来社会冲突，这需要在"小事不出村、大事不出乡"的原则下加以解决。让人民群众有一个安全稳定的生活环境，让最广大的人民群众感受到社会的公平正义，是为人民服务至关重要的内容。近年来，各地的基层党委和政府在便民服务、接诉即办、矛盾化解等方面，做了大量工作，解决了许多困难事和群众的烦心事。

为人民办事需要正确的工作方法。为人民办事不是替人民办事。在为人民办事的过程中，为哪些群众办事、办什么事、怎么办，都要坚持从群众中来，到群众中去的路线。

一方面，为人民办事不能有"长官意志"，在不和群众商量的情况下把事情给办了。在具体工作过程中，尤其要避免将为人民办事当成一个一个项目来实施，以为项目完成了，事情就办好了。而事实上，为人民办事的关键恰恰不在于办了多少事，而在于在办事的过程中，党委和政府做了多少组织和动员群众的工作。群众参与了多少，获得感提高了多少，群众自我服务的能力提高了多少,才是衡量为民办事效果的关键。

另一方面,为人民办事时基层也不能当群众的尾巴。一些群众反映强烈的事务,基层党委和政府没有任何回应,这是不对的。但一些群众反映强烈的事务,哪怕是不合理,没有条件来办,也硬着头皮去办,同样是错误的。

因此,为人民办事要坚持具体问题具体分析、因地制宜的原则。从基层工作规律上看,基层的人力、物力和财力有限,应该根据一个地区的历史和具体环境,在一段时间内确定群众的困难事和烦心事,集中力量加以解决。而大多数事务则应该在日常工作过程中,在和群众密切接触的过程中,用常规化的方法予以解决。

当前,大多数地方政府将为人民办事活动和地方经济社会发展大局结合起来,确定为人民办事的重点,这既服务了大局,又提升了对党的性质和宗旨的认识,提高了为人民办事的能力。这一做法值得肯定,也需要坚持下去。

乡镇改革的理论与实践

2020年,江苏省在经济发达镇"1+4"治理模式改革经验的基础上,着力推进基层整合审批服务执法力量改革。所谓"1+4"

治理模式,是指加强党的全面领导,建设"便民服务一窗口""综合执法一队伍""镇村治理一网格""指挥调度一中心"。"1+4"治理模式,对经济发达地区的乡镇改革具有一定的启示意义。但如何准确定位这一治理模式,还需要厘清乡镇改革的几个关键问题。

一、乡镇政权的定位

如何定位乡镇,是一个涉及改革的方向和路径的问题。

从历史上看,乡域作为一个治理层级,有漫长的历史;但作为一个政权组织,却是近代国家建设的产物。

从历史上看,基层乡域社会的治理主要依靠地方自治力量。所谓"皇权不下县"这一说法,虽然不一定符合每个历史时期的真实逻辑,但皇权力量在县以下比较薄弱,主要依靠半正式和非正式的治理力量来完成治理目标,却有共识。即使在今天,乡域社会的治理形态仍然保留了大量的简约主义传统。新时代乡村治理体系建设的主要特征仍然是党领导下的"自治、法治和德治相结合"。

20世纪初期以后,国家政权从县一级下沉到乡域社会,乡镇一级普遍建立了政权组织。在较长的历史时期里,基层政权建设的主要目标是完成国家汲取资源的任务,而乡村社会秩序的维护服务于资源汲取。因此,新中国成立以后的乡镇政权,一直具有较强的发展型国家特征,主要围绕经济建设和税费征收、计划生育、社会稳定等建构政权组织形态。所以，乡村社会内部的公共事务，仍然需要依靠村庄自治组织完成。

但是，进入21世纪以后，乡镇政权的职能发生了极大的改变。其显著特征是，乡镇政权汲取资源的任务大量减少，但公共服务职能急剧增加。这也就意味着，需要重新定位乡镇政权。

一是乡镇政权作为党和政府与群众的联系纽带，这一定位没有改变。无论是落实政策，还是服务群众，乡镇政权都需要和群众打交道。乡镇治理具有"面对面"工作的性质，需要建立在群众工作基础之上。

二是乡镇政权的规范性要求在不断提高。一方面，上级党委和政府对基层治理的要求在急剧提高，对乡镇工作的规范要求越来越严格；另一方面，群众对乡镇政权的期待也在不断提高，乡镇需要及时回应群众需求。这就意味着，过去乡域治理中的很多半正式和非正式的方法已经无法继续使用。

三是乡镇政权的治理负荷在不断加大。近些年来，国家治理任务不断增加，以三大攻坚战为代表，乡镇承担了大量的国家治理任务。与此同时，乡镇的治理能力并未有显著提升，乡镇政权的回应性不强。

基于以上理由，当前的乡镇改革必须解决两个问题：一是延续近代以来的国家政权建设路径，乡镇需要进一步增强治理能力，以回应基层社会复杂的治理需求；二是基于国家治理现代化的现实，乡镇需要进一步增强治理的规范性和合法性，以获得群众的认可。

"1+4"治理模式改革，本质上是增强乡镇治理能力，提高乡镇政权合法性的内在需要。但这一改革模式的适用性如何，还需要对不同类型乡镇的情况进行具体分析。

二、乡镇类型及改革需求

中国正在经历史无前例的城镇化进程，乡村社会正在发生巨大改变。这就意味着，不同区域的乡镇政权的定位有所不同，对改革的需求也有差异。

大致而言，以城镇化为衡量标准，当前主要存在以下三种乡镇类型：

一是经济发达乡镇。这些乡镇处于快速的城镇化和工业化过程中，处在城乡融合发展的历史阶段。一方面，这些乡镇，保留了传统的治理事务。例如，乡镇政权具有极强的发展型导向，需要做好经济发展工作，也要在发展过程中协调不同利益群体的关系，维稳压力比较大。另一方面，乡镇也有很多新生的治理事务。例如，城镇化过程中带来的流动人口管理，乡镇政府承担的公共服务比其他地区更多。与此同时，乡镇的人员配备并未增加，乡镇政权基本保持了"乡政村治"架构，治理负荷过高的问题比较严重。另外，经济发达乡镇往往也是社会矛盾较多、各项政策执行的复杂性较大的地方，对治理的规范性要求也比较高。因此，经济发达乡镇的改革需求很大，迫切需要通过乡镇体制机制改革来提高其治理能力。

二是农业型乡镇。乡村社会虽然也发生了很大改变,但由于大量人口外出,社会异质性并不强,基层社会仍然保留了非正式的治理网络,治理事务也比较简单。正常情况下,农业型乡镇的基本职责是维持乡村秩序,贯彻国家政策,治理负荷不大。近年来,政策执行的规范性要求虽有提高,但乡镇干部的构成也随之发生了极大的改变,基本上是能够胜任这些规范要求的。即使是阶段性的重大治理任务,乡镇也可以通过灵活配备治理力量来满足治理需求。因此,绝大多数农业型乡镇的改革需求并不大。而对于这一类型的乡镇,应防范上级借着改革的名号,搞形式主义。

三是城市乡镇。这些乡镇,名义上还是乡镇政权,但已经不承担经济发展的任务,而且城镇化已经完成,大多数治理事务由市政部门承担,实质上是街道办事处。通常而言,城市乡镇的治理事务的标准化程度比较高,也比较有规律,治理资源也有保障。因此,其治理负荷是比较低的。但是,城市乡镇的规范性要求比较高,乡镇政权只承担一些事务性的行政工作,绝大多数群众工作由村和社区工作者承担。从在这个角度来看,城市乡镇有一定的改革需求,其核心是打通基层治理的"最后一公里",让乡镇和村(社区)都更好地服务于群众。

表3 乡镇类型及改革需求表

类型	治理事务	治理负荷	规范性要求	改革需求
经济发达乡镇	复杂	高	中	大
农业型乡镇	简单	中	低	小
城市乡镇	简单	低	高	中

我认为,"1+4"治理模式,对于经济发达乡镇是有借鉴意义的,但对农业型乡镇和城市乡镇,却未必适合。"1+4"治理模式是一种强镇扩权的改革路径,其核心不仅仅是增强乡镇的治理能力,更是给乡镇赋权。而赋权的背后,其实是大量的人财物的投入。这对经济发达乡镇而言,没问题;但对于一般农业型乡镇和已经完成城镇化的乡镇,既无扩权的必要,也无扩权的条件。

概而言之,对农业型乡镇而言,保持一个简约高效的乡镇体制,维持乡村社会的基本秩序即可。在这些乡镇,保持原有的"乡政村治"模式即可,乡镇政权的主要功能是落实好上级政策,为村民自治提供有效的经济和政治基础。尤其需要警惕简单模仿经济发达地区的农村治理,施行一些不切实际的政策,做一些毫无必要的改革,既折腾了老百姓,又折腾了基层干部。

而对于城市乡镇而言,其核心是尽快融入城市街区治理体系,其更多的治理职能由市政部门承担。乡镇无须再履行过多的经济发展职能,也不用直接承担过多的市政管理职责,但需要解决好和群众密切相关的公共事务。

三、"1+4"治理模式的内在逻辑

近年来,各地在治理重心下沉和基层赋权的导向下,开展了乡镇改革工作。这其中,江苏省开展的"1+4"治理模式改革,也有类似考量。那么,"1+4"治理模式有什么样的内在逻辑呢?

我认为,其内在逻辑主要体现在以下三个方面:

一是赋权。赋权的本质是调整条块关系。过去,职能部门掌握了大部分事权,基层事务的资源、事权和执法权都由部门掌握,乡镇政府只有配合执行的任务。与此同时,职能部门还以属地管理为由,强化了对乡镇政府的控制。因此,乡镇政府"有责无权"的现象较为普遍。以"综合执法队伍"改革为代表的改革措施,赋予了乡镇政府足够的治权,解决了权责不一致的问题。

不过,应该注意的是,上级部门对乡镇政府的赋权,主要是赋予了事权,上级部门仍然保留强大的检查、考核权。其突出表现是,上级部门可以通过制度规范等方式,运用检查、考核等办法,对乡镇政府的履职情况进行全过程管理。由于一些过程管理并不符合基层实际,这也造成了基层负担。基层有了事权,并不意味着有了同等的自主权。

因此,赋权并不能通过下放事权和建立综合执法中心等办法予以解决,其核心还是要建立良好的条块关系,建立政策过程中的上下级沟通机制,解决条块分割的问题。

二是流程再造。一段时间以来,乡镇治理的问题并不完全是因为上下级之间权责不一致所致，而是由不尽合理的乡镇治理体制机制造成的。例如，一些经济发达乡镇的机构设置过多而且过于分散，结果导致治理分散，无法形成合力。这些年的基层治理规范化程度越来越高，事务性的工作占据了基层干部的大量精力，导致群众工作受到影响。

而通过合理调整部门设置，优化治理流程，可以较好地解决这些问题。例如，"便民服务窗口"便是典型的再造流程的办法。简单而言，乡镇政权通过设置"前台"和"后台"，把一些标准化程度较高、规律性较强、关于群众利益的事务放到便民服务窗口，既规范了事务处理的过程、避免了行政惰性，又方便了群众、维护了群众利益。

另外，一些地方还通过合理调整乡镇治理单元，较好地解决了各种治理需求。例如，很多经济发达乡镇设立便民服务中心，还在镇村之间设立了联村、总支或管理区，派一些干部专门负责农村工作。这样一来，乡镇政权形成了行政科室、便民服务中心和管理区"三位一体"的治理体系，各类治理事务都可以在合适的治理轨道中得到高效解决。

三是重心下沉。说到底，乡镇政权仍然是基层治理的支柱，"小事不出村、大事不出乡"是其基本的治理原则。无论是赋权改革，还是流程再造，最终目的都是实现重心下沉。

治理重心下沉主要有两个方面的内涵：一方面是从上下级关系看，它意味着基层治理事务尽量在基层解决，治理资源要向基层倾斜；另一方面是从乡镇内部看，它意味着要加强乡镇的统筹治理，尤其是要加强党的领导，来引领基层治理。近些年来，各地通过党建引领，强化了基层党组织在基层治理中的领导作用，而且通过调动党员的先锋模范作用，让基层治理得到有效推进。

"1+4"治理模式改革的具体做法虽然不一定适合所有乡镇，但其内在逻辑却具有普遍性。

基层犯了错，如何整改

2020年8月，陕西省商洛市镇安县"修建豪华中学"事件被媒体曝光后，有关部门介入调查。作为回应，当地政府迅速拆除了已经建好的"鲤鱼跃门"等景观。当地群众直呼"浪费，可惜"。

事实上，镇安县的这一做法，是普遍做法。基层犯了错，被媒体曝光，或被上级发现，要求限期整改。基层为了迅速消除影响，往往会采取决绝的措施。这种不折不扣整改的做法，当然是向上级显示"壮士断腕""有错就改"的态度。然而，整改的结果往往和常识相违背，反而造成了"错上加错"的后果。为什么会出现这样的结果呢？

基层犯错在先，内心有鬼，在上级部门和公众面前，其实没有讨价还价的空间，唯有认错。但是，基层犯错如何定性，却和基层的认错态度有很大关系。

在当前的发展环境下，基层政府知法犯法的行为已经很少见了。但是，通过政策变通，打着"公利"的旗号谋取私利的行为，却不少见。甚至，一些打擦边球的做法已经成了各地的通用做法。

镇安县建豪华校园的做法，当然有错。地方领导也应该心知肚明，不顾实际，即使没有违法违规，也有故意制造资金"流量"，搞"政绩工程"的嫌疑。面对舆论的质疑和上级的介入调查，基层的认错态度很可能影响上级部门对事件的定性。

概而言之，只要没有违法违规，对"政绩工程"的处理是有弹性空间的。这个空间，既是上级赋予的，又是基层政府争取下来的。

基层在意识到自己的错误时，采取断然措施改正错误，而且改正的效果还广受好评，说不定会把"坏事"变成"好事"。在各类舆情事件处理中，这种案例很多。一些地方政府领导因为勇于承认错误，并积极整改，接受舆论监督，反而被认为"有担当"。

退一步说，哪怕是无法挽回的错误，只要地方政府的认错态度诚恳，并在力所能及的范围内进行整改，甚至借这个错误发动地方政府内部的自我批评、自我审查，一般也会获得人们的原谅。

镇安县"修建豪华校园"事件，首先是一个舆情事件，其次才是可能被问责的事件。但对于地方政府而言，舆情的影响往往是通过上级部门的问责而产生的。镇安县显然是希望以拆除豪华建筑的断然措施来减轻被问责的力度，这些举措其实是对上不对下、对内不对外的。这也就注定了,其整改是做给上面看的,而不是做给公众看的。

长期以来,基层整改已经形成一个固定的逻辑。这个逻辑本质上是政府间上下级关系塑造的,而不是在回应群众需求和舆论质疑过程中形成的。因此,基层整改逻辑具有鲜明的封闭特征。

绝大多数基层整改源自上级部门的检查、考核、问责等。近些年来,地方治理体系发生了一个极大的变化,就是上级职能部门几乎演变成了专业的督查部门,而基层则成了部门职责的真正落实者。这产生了一个突出的问题:在基层治理重心不断下移的同时,上级控制权在不断加强。

从客观上看,基层党委和政府要做自己想做的事是有比较大的制度空间的。这也是近年来,各地普遍存在"流量"的政治经济学现象的原因。无论条件是否具备,规划是否科学,一些地方官员想方设法搞项目、做工程,制造资金"流量"。只要有"流量",地方上的各类利益群体总会获益。例如,老板有生意可做,老百姓就了业,官员有了政绩。

过去,政府楼堂馆所建设是"流量"的主要来源。现在,一些民生领域则成了制造"流量"的绝佳领域。例如,贫困地区修公园、修学校、修公路,既符合大的政策方向,又可以获取民心,还可以标榜政绩,何乐而不为呢?

但问题是,只要做事,哪怕是做好事,都有极大的可能被各部门的督查、检查、考核而发现问题,如果问题严重,就要启动问责程序。因此,绝大多数基层党委和政府,在面对上级党委和政府与强势部门的监督的时候，都会认真对待。久而久之，整改也有了一套成熟的业务流程。

第一步是态度端正。无论上级提出的整改意见是否合理，最好不要辩解，首先要端正态度，老老实实地承认自己的错误。很多基层干部在总结这一经验时，其实是颇为无奈的。毕竟，几乎所有规则都是上级制定的，而且上级还有上级，如果基层问题不解决，直接上级部门也会受牵连。与其使劲向上级辩解，还不如坦然接受。

第二步是制定整改清单。上级部门也许只是提出了一个简单的问题，但对于基层而言，则可能意味着一揽子的整改意见。例如，镇安县"修建豪华中学"事件，如果要认真整改起来，可能要从项目的论证、立项、实施、验收等每一个环节查起，教育、建设、国土、规划、招投标中心等每一个部门都要自查。并且，要检查的可能不仅仅是具体的项目实施，而且包括各项纪律的执行情况。整改清单里列出的每一个问题，都有相应的责任单位和责任人，也有明确的整改期限。

第三步是销号。对照整改清单，每个问题都要落实到位。如果没办法按期完成，得有充分理由。

第四步是写整改报告。典型案例如镇安县"修建豪华中学"事件，县级政府肯定是要出具整改报告的。报告既要呈现整改的过程，主要是要突出主要领导的重视，也要客观呈现整改的成效，杜绝类似问题再次发生。如果有需要，可以在自己的权力范围内，处理一些责任人，以儆效尤。

实际上，如果仅仅为了给上级一个交代，这个流程是非常有效的。甚至，一些整改措施，明显有走过场的意思，只要上下级之间沟通到位，上级部门也会理解基层的复杂性，作出合理的判断。

不过，镇安县"修建豪华中学"事件的整改是由于这次舆情事件。这就意味着，仅有封闭式的、对上级交代的整改逻辑，还不够。简单说来，落实整改措施，不能马虎，因为舆论监督的声音更加多元。一些简单粗暴的整改，或许是给了上级一个交代，也达到了整改目的，甚至还可能被认为是"措施积极"。但是，在群众看来，这类措施很可能在制造次生问题，是错上加错。

吊诡的是，只要是舆情事件，上级的容忍度就比较低。这种信息传递到基层，基层的压力就会陡增。在重压之下，如果基层政府缺乏应变能力，就会自乱阵脚，导致错上加错。从这个角度来看，基层政府犯错，上级部门不能简单地要求它整改、问责，然后了之，而是要积极帮助基层政府，让其有更大的纠错空间。

基层创新力戒形式主义

在基层治理的实践中，由于每个地方、每个时期的实际情况都不一样，而制度和政策又讲究稳定性和统一性。这便意味着，基层在执行政策的过程中，总有一些体制和机制问题。有经验的基层领导，总会在实际工作中想方设法找到一个符合当地实际的办法，又快又好地执行政策。如果这些工作方法被经验反复证明有效，基层就会在具体工作中坚持下来。如果被证明无效，继任者自然就会换一种工作方法。概而言之，基层本来就是治理创新的天然试验场。基层治理有创新的要求，基层干部也有创新的动力和经验。

具体说来，过去，大多数地方有"土政策""土办法"。上级需要的是结果，而不是过程，基层也就没有动力去宣传这些经验做法。因此，过去的基层治理创新，很多都是上级领导在调查研究过程中意外发现的，进而指示有关部门总结出来的。事实上，长期以来，上级领导和制定政策的部门都很重视基层治理创新，乃至，驻点、试点，以及频繁的调查研究，已经成为一个合格领导的必修课。由于上级亲力亲为，走群众路线，了解基层实际，基层也就没有必要花心思呈现自己的做法，它们只要认认真真把事情做好，如实反映基层实际即可。

在实际工作中，一些基层政府不管有没有必要，总归要有一两个制度创新。原因有两个：一是有一两个亮点工作，在年终考核时还是用得上的，算是加分项。二是基层如果能够迎合某个上级部门或主要领导的需要，在其关注的制度领域有点作为，就能够成功引起上级部门的注意力。一旦有了创新试点，上级领导可能就会多来几次调研、视察，以推动当地工作，这些都可以转化为丰富的项目和政治资源。总之，基层治理创新可以通过特色工作的考核体系和领导重视等方式，成功地转化为基层的工作成绩。如果稍加总结宣传，基层治理创新甚至还可以转化为突出的政绩。

基层的大多数主要领导，尤为重视的都是上级每年发布的考评指标。这些指标基本上都会为"特色工作"单独设置一定的分数。由于每个地方的工作基础是恒定的，上级制定的考评指标也是以平均水平作为标准。因此，每个地方的常规工作所拿到的分数其实是相对稳定的。例如，到一个地方作调研，哪些地方发展得比较好，哪些地方发展得比较差，其实人们是有共识的。但是，"特色工作"却有较强的主观性和不可预期性，指不定，一个地方搞了一个"特色工作"，受到了较高层级的部门和领导的重视，甚至获得了推广，那么基层领导就会被大大加分。哪怕是为了平衡，基层领导基本上都会重视自己管辖范围内有没有可以总结的经验。从客观上看，基层只要在做事，基层领导只要做个有心人，肯定是可以找到经验的。于是，总结本地各项工作的经验做法，就成了基层的一项重要工作。

如今，基层对人才可谓求贤若渴。但凡有新进的公务员，基层的领导都是比较重视的。如果说，这个公务员综合素质比较高，如当过学生干部、文字水平比较高，往往会被重用。基层的主要领导一般都会将之放在工作任务比较重（文字材料比较多）的岗位，甚至主要领导会亲自带他，让他更好地学习基层工作经验，更准确地领会领导的需要，在较短的时间内成为"笔杆子"。事实上，成为单位的"笔杆子"，是基层公务员晋升最稳妥的路径。某个基层单位如果出了一个善于写作的年轻干部，往往会在短期内被一些关键的上级部门调任。因此,会受到基层领导的重视。"干活的不如写材料的",这虽然未必是基层干部的真实写照,却也呈现了基层工作的某个特点。

在一些地区,由于基层治理创新的竞争特别激烈,仅仅依靠自己的"笔杆子"已经难以适应形势的需要。于是,一些服务于基层治理创新的做法也就多了起来。

在最低层次上,基层得找一些专业机构把"笔杆子"总结出来的经验材料具体化。现如今,基层的打印店、广告设计公司等,都在承接一些展板设计类业务。小到每个村(社区)的"制度上墙"、工作简介的展板设计,大到整个村(社区)的"氛围营造",都离不开这些业务支持。

在更高一点的层次上,一些基层政府通过政府购买服务的方式,请学者、社会组织、咨询公司等第三方机构,对该地的政策创新进行研究、总结。研究结果都是吹捧这些创新具有重大意义,值得推广之类的论调。请的专家团队越是权威,搞的名目越是花哨,其创新的价值也就越大。一些第三方机构确实是在配合当地的基层治理,但不少第三方机构其实就是照着上级给定的政策要求,照葫芦画瓢,总结出一套所谓的"经验"。例如,社工组织承接的项目都是"三社联动"的经验。全国各地的社工机构不知总结了多少养犬纠纷等社区治理的经验,但这种问题一直未得到根本解决。我在一次调研中甚至还碰到了专门从事党建创新业务的咨询公司。一些地方的组织部门竟然从市场上请第三方机构搞党建,这真是太荒唐了。

在最高层次上，一些基层政府摆出只要结果、其他一概不管的姿态，请第三方机构来搞创新。有些第三方机构竟然可以提供从试点到经验总结，再到宣传，获得上级肯定的"一条龙"服务。例如，一些根植于地方的传媒机构往往都在进行市场化转型，为基层政府提供文化传播和咨询的服务。这些传媒机构和各级政府工作人员都比较熟悉，也了解上级的政策需求，而且有宣传平台，基层政府也就愿意找它们。当然，这类公司提供的"一条龙"服务的价格不菲。如果不是基层有迫切的需要，需要使方案在短期内见成效，恐怕也不会去购买这种服务。

"为创新而创新"，在一定程度上成为基层的普遍问题。如何解决这个问题呢？

首先，要让创新回归原来的位置。概而言之，基层是政策执行者，不该承担治理创新的任务。其职能是执行政策的，执行不了，要克服困难；如果克服不了困难，那就要向上级如实反映情况。治理创新的职能，应该由上级部门，尤其是政策研究部门承担。上级部门负责制定政策，当然也要负责调整政策，通过创新，使政策更加完善，更加与实际相符。

其次，要在基层考评体系中剔除"特色工作"这一项。客观而言，基层治理领域是一个相对透明、信息对称的领域。上级部门和主要领导是比较熟悉各地的政策执行情况的。并且，每一个地方的考评体系里，本来就留有主观项，主要领导可以根据自己掌握的情况，对基层的工作表现进行评分。谁做了事，谁没做事；哪个部门积极担当作为，哪个部门不作为；哪个干部头脑灵活,工作有开拓性,哪个干部工作能力欠缺,不仅主要领导清楚,而且,其他干部也有大体的认知,没有必要用"特色工作"来衡量基层的工作成绩。基层工作是比较常规化的工作,为了创新而"折腾"的事,尽量不做。

最后,上级部门要进一步改变工作作风。基层治理创新领域之所以成为形式主义的重灾区,主要是因为上级的工作作风漂浮。如今,看试点、看项目、看展板、开座谈会等走马观花式的调研,领导调研严重依赖于基层提供的材料等,让很多调研,成了看现场、走过场,事后翻看基层提供的材料、工作人员的总结。于是,领导也成为基层治理创新体系中的一个"道具",领导只要出面、讲了话,这个创新就算是得到了肯定。至于说创新的实际效果如何,对基层而言,就很难把握了。

说到底,基层工作的主要任务是做好群众工作,把政策落实好,力戒形式主义。所以,做基层工作要脚踏实地。

基层工作要防止落入"花钱办事"的陷阱

在工作中,有些基层政府接受上级部门布置的工作任务时,首先想到的是向财政部门要一笔经费以保障工作的推进;基层落实任务，首先想到的也是要想尽办法筹集资金。简单而言，在基层治理过程中，似乎没钱就不能做事。乃至很多过去不用花钱的事，现在却成了必须花钱才能办的事。概而言之，没有钱，则一事无成。于是，基层治理的成本越来越高，并且还有不断发展的趋势。

具体而言，"花钱办事"的陷阱主要表现在以下几个方面：

一是消解了基层治理的自主性，很多基层政府都成了"二传手"。其主要工作从过去的统筹资源，通过群众工作开展基层治理，变成向上申请项目资金，单向地服务群众。

二是养成了基层"对上不对下"的工作作风。由于基层丧失了自主性，基层治理的动力机制主要源自上级的正向和负向激励。因此，基层治理慢慢悬浮于基层社会中，无法及时主动地回应基层需求。哪怕是为民服务，也是源自上级的压力，而非出自自身的内在动力。

三是养成了基层"等靠要"的治理逻辑。这些年来，基层政府、群众性自治组织和群众，都在无形中形成了"等靠要"的思想。群众有问题，习惯于找基层组织和政府解决；基层党组织和政府有难题，也习惯于向上级反映。于是，基层在"等靠要"的循环中弱化了自己的治理能力。

基层治理成本为何居高不下呢？归根溯源，这和基层政府向基层公共服务型政府转型有关。多年来，国家教育、医疗、养老、低保、文化等公共服务不断下沉，成了基层政府的重要职能。从客观上看，绝大多数公共服务下沉是有合理性的，公共服务的便捷性和可直达性，是社会发展的必然要求。但是，在这个过程中，无形中塑造了"花钱办事"的合法性。从理论上看，公共服务的资金都来自上级，群众是受益者，基层政府容易形成一个误解，既花了国家的钱，又服务了百姓，何乐而不为呢？因此，一旦有公共服务项目，基层都以"不拿白不拿"的心理去争取，并未去细想把这些项目争取来以后，如何做好这些项目。例如，一些农村的农家书屋未充分发挥作用，甚至成了摆设。另外，不少农村配备的健身器材，因为居民居住得太分散，健身器材的利用率也极低，在短时间内就被荒废了。

一旦基层形成了拿国家的钱办群众的好事这种"好人主义"的氛围，基层政府就容易成为兜底型政府，基层治理也惯于依赖包办代替的工作方法。近些年来，随着城乡融合发展的持续推进，农村的基础设施被逐步纳入统一的管理体系，农村公共服务也正逐步完善。这本来是一件好事，却出现了"好心办坏事"的效果。例如，各地的村庄道路维护和卫生保洁，向来是村民自治范围内的自我管理、自我服务的事务，绝大多数村庄都形成了一套自治规则。但自从国家投资改善了人居环境，并配备了专门的保洁人员以后，基层便承担起了过多的责任，反而让基层治理陷入困境之中。我在不少地方作调研时发现，自从有了专职的保洁员以后，村庄的环境卫生不是变好了，而是变差了。不少基层党组织在开展党员活动时，其活动的保留节目竟然是上街帮忙打扫卫生！其原因在于，一旦群众认为环境卫生是政府的事，就都不注意保护环境卫生，连"各扫门前雪"都做不到了。事实上，各地都在推行农村人居环境整治三年行动方案，其中最难办的一件事便是村庄环境卫生治理的长效化机制很难建立起来。绝大多数地方财政都没办法完全兜底农村环境卫生治理，必须从农民手中收取费用。但已经习惯了简约生活，以及靠政府兜底的群众，却很难心甘情愿地交费。

基层治理成本的增加还和一些地方政府的治理方式有关。例如，一些地方政府为了获取土地增减挂钩指标，以人居环境治理、房屋结构安全排查、新型农村社区建设等政策为依据，拆除农民的危房、空心房，甚至是新房，逼农民上楼。地方政府往往隐藏了这些做法的深层动力，只是向群众宣传是为他们好。但这并不符合群众的意愿，引起了大多数群众的反对。为了引导农民拆除自己的房子，地方政府都会出台一些补偿政策。于是，基层治理在很大程度上变成了与民争利，不仅群众不满意，而且基层干部发自内心地反对，基层工作的难度变得非常大。而类似治理行为，地方政府具有鲜明的"营利型政府"的特征，想尽办法利用行政和财政措施来激励基层干部。例如，通过将工作纳入年终考核，作为评价基层政府的重要指标的方法，迫使基层政府花大力气完成任务。同时，辅以财政奖惩措施，运用包干制度将工作任务分配到每一个干部身上，将工作成效与年终绩效考核挂钩。总之，哪怕基层反对，治理成本被迫提高，也要想尽办法贯彻执行。

如此看来，基层治理成本的提高，其实是多重因素合力的结果。

一是不切实际地扩大政府职能，压缩基层自治空间，导致

"花大钱、办小事"。结果，基层政府的治理能力提升了，却降低了其公共治理水平。群众有事时首先考虑到的不是自我解决，或是通过自治组织进行自我管理，而是要求基层政府来处理。由于大多数"小事"源自人们的生活习惯、社会关系失调等，这也就意味着政府无论怎么解决，这些"小事"都会源源不断地冒出来。只要基层政府没有改变"花钱办事"的逻辑，治理成本就只会上升，不可能下降。难怪即使是基层的群众自治组织也呈现出膨胀的趋势。全国绝大多数地方的村（居）干部，事实上已经专职化了，他们有干不完的政务和村务，已经没有时间和精力从事家庭生产。不少村庄还要雇佣为数不少的"临时工"帮忙处理事务。

二是不顾实际推行政策，基层出现了官僚主义形式主义，导致"花钱买罪受"。其结果是，为了完成任务，基层普遍强化了激励措施，依靠短期的、策略性的方法去推动工作。基层工作的核心是群众工作，基层治理的前提在于花大力气做好群众的思想工作。一旦群众的思想通了，基层治理便会事半功倍，反之则事倍功半。只要不改变这种工作方法，基层治理便会一直受制于时间紧、任务重，基层干部不可能有足够的时间来做群众工作，基层治理的成本当然也会不断提升。

招牌——城市的"里子"与"面子"

一般而言,每个城市对户外广告及牌匾标识的管理,都有三个原则:规范、安全和美观。在实践中,城市要兼顾三个原则并不容易。对于大多数城市而言,规范和安全是排在第一位的。例如,大多数城市在创建全国文明城市、创建国家卫生城市工作中,都要在重要路段统一广告以及牌匾标识,其逻辑便是规范原则。乃至,那些以"美观市容"为目的的整治行动,实际上也是以美观之名义,行规范之实质。

事实上,借着举办各种大型活动,创建各种城市名片的契机来提升城市品质,已经是城市经营的惯用方法。这一套逻辑,细究起来有点复杂,但主要的诀窍也不难理解。只要举办大型活动,政府就可以名正言顺地预算经费,把城市建设的一些短板给补上。更重要的是,举办大型活动,一般都要辅以广泛的社会动员和宣传,市民会知悉很多政策,可以趁机消除城市管理中的一些痼疾。

凡是有极大动力,而且花大力气组织大型活动的城市,其城市建设的短板是比较多的,城市的精细化管理水平也有待提高。城市的精细化管理其实是建立在基础设施建设基础上的。户外广告及牌匾标识,看似事小,其实不小。因为,它既涉及城市基础设施建设，也涉及城市的精细化管理。概而言之，这类事情是典型的"剩余事务"，事情虽小，但很繁杂；看似没什么，但一不小心就可能变成大事，是城市管理中的老大难问题。

我曾经兼职做过一段时间城管协管员。有一次，我跟随带班城管巡街，带班城管手一指，我放眼望去，整条街的店铺招牌都是违规的。按照城市管理的相关规定，店铺只能悬挂一张招牌，即"一店一招"。另外，相关规定对招牌的长度、宽度、高度也有限制，并要和周围店铺招牌保持统一。如果完全按照管理标准，几乎没有一家店铺的招牌是符合规定的。大多数商家都不会"一店一招"，除了有立面招牌外，还有一个可以移动的招牌，有些店铺还会做一个霓虹灯招牌。并且，很多店的招牌还要插入广告，比如"欢迎再来"之类的词语，这些都是不合规的。

对日常的城市管理而言，店铺招牌管理，主要还是从安全和规范的角度来考虑的。城管一般只管那些摆在店铺门口的招牌，因为这些招牌往往会占道，影响行人通行。新设置的广告牌则需要认真管理。例如，一些游戏厅、健身房之类的店铺开在高楼上。商家在一楼很难找到合适的位置安置招牌，又考虑到这样做也会影响自己生意，于是大多数商家在店铺所在的楼层挂出招牌。如果规范管理，这些招牌不仅影响美观，而且还有危险。万一招牌掉下来，怎么办？

至于那些真正的广告位，更得严加管理。户外广告有很多种，有些是立面的，如上文所说的在楼上的商家，总是会想方设法搞一个广告位。还有一种就是楼顶广告，其中隐含了巨大利益。一一般而言,楼顶广告位都有业主,但几经转手,城管部门其实很难找到业主了。好的广告位,一个月的租金高达几十万元。但实际上,如果仔细清查,大多数城市的楼顶广告,其实都有违规甚至违法的地方。例如,设置广告位的时候,有关的法律法规还不是很健全,因此造成手续不健全的问题。更常见的是,一开始广告位有合法手续,但后来手续就过期了。按照新的城市管理法规,这些广告位必须予以取缔。楼顶广告隐藏着巨大的灰色利益,很多业主抱着"能多经营一天是一天"的想法。反正只要不拆,自己就是赚了。毕竟这是无本生意了。

  我调研的很多城市,基本上都取缔了楼顶广告。楼顶广告之所以能够清理干净,是因为借助了城市各种重大活动的势。只要有这个势,市政府就会出台严厉的措施。这个时候,基层执法部门去拆除这些广告位,各方面也就不好出来说话了。各种稀奇古怪的理由都得为之让路。业主如果反抗,执法部门也可以理直气壮地依法拆除。只不过,在实践中,几乎都不需要走到"依法"这一步。因为,铺天盖地的城市创建全国文明城市、创建国家卫生城市工作的宣传,人们都知道是怎么回事,都有心理准备了。我参加过一次城市违规广告集中整治行动。我所在的中队,组织了二三十个人呼啦啦跑上楼顶,结果出来几个看上去凶神恶煞的年轻人,为首的一个年轻人嚷嚷说:"谁敢拆,拆了试试。"带队的中队长笑笑说:"楼下游戏厅是你的吧?改天把你的店招牌也拆除了,因为违法。"游戏厅的老板立马换了一个笑脸,说:"我就是说说而已,也知道非得拆了,就是有点不甘心。"结果,楼顶广告顺利被拆除了。

其实，从城管的视角看，虽然这也不算什么稀罕事，很多城市都出现过这类现象。这说明，有其产生的内在根源。

这当然要从市容说起。在城市管理中，市容首先不是美观，而是规范和安全。那么，怎样才规范呢？或者怎么做才规范呢？从管理的角度来说，最简单的规范标准就是"整齐划一"。

有些城市管理者真的觉得整齐划一就是美的。但在大多数情况下，整齐划一是城市管理的必然结果。回到我一开始谈到的话题，按照城市管理标准，大多数街道的店铺招牌是不规范的。如果城市要举办重大活动，并且活动地点又处于重点区位和重点街道，这些违规之处肯定要被整改。但如果是一家一家地整改，实在是太麻烦了。例如，A的店铺招牌里面加了一句"欢迎再来"的广告语，如果整改就要把这个广告语删除。且不说店主是否配合，即便是店主配合，把这一行字给删除了，结果发现，这个招牌变得更不美观了。B做了一个招牌，但招牌的尺寸大了。如果更换得花大价钱，店主肯定不愿意。总而言之，要一家一家地整改，真的是太麻烦了，很难按时完成整改任务。于是，几乎每个城市要对店铺招牌进行整改的时候，干脆政府出钱来完成这项整改任务。

如果让政府来搞，那么，必须统一标准。政府的预算有限，只能请一个设计公司设计一个统一的方案。例如，一条街共100家店铺，肯定就是一个样式。这个时候，往往不能满足店主的个性化需求，否则，设计费用不够。

当然，如果把工作做得精细一点，在政府的统一规范和店主的个性化需求之间，是有比较好的结合点的。例如，设计公司设计了几个方案，在真正实施之前，可以征询一下店主的意见，避免违背常识。另外，主管部门得有一个集体商讨，集思广益的过程，然后选择一个较优方案。西安市出现"黑底白字门头"现象，是主管部门没有做好源头把控工作。以致这种事只是某个领导同意了，但领导又没有真正负起责任。有时候，甚至会出现极端的情况，分管领导决定了某个方案，结果更高级别的领导视察发现某个方面做得不够好，要求整改，重新再来，这也是常见的事情。

店铺招牌问题表面上看是"面子"问题，各个城市都以"美观市容"的名义来加以规制。但是，无论是市民还是领导，都希望城市变得更漂亮更美好。只是大多数城市还处于初级发展阶段，"面子"问题本质上还是"里子"问题。各个城市的基础设施和精细化管理水平，其实还是比较低的。客观上，很多城市在搞城市管理的时候，也希望弯道超车，乘势提高城市的品质。不过，如果没有足够的耐心、足够的细心，也难免出现违背常识的现象。本来想扮靓城市，结果却把城市扮丑了。

一条经验是管理城市不仅仅是城市管理者的事，也是广大市民的事，广大市民才是城市真正的主人。生活在这个城市、在这个城市里奋斗的人，如果被发动起来，并尊重他们的意见，或许会给城市带来不少惊喜。

"剩余事务"该如何处理

城市治理中始终存在某些细小琐碎、难以处置的事务。这些事务看似不重要,却直接关系到每一位城市居民的权益。这些事务如果长久得不到不解决,必然会影响城市的公共安全。但是要处理这些事务,可能会耗费过多的行政资源。如何处置"剩余事务",极大地考验着城市治理的智慧。

人们都说"狗咬人不稀奇,人咬狗才稀奇"。但 2021 年 9 月发生的河南省安阳市"狗咬人"事件说明,"狗咬人也稀奇"。这件事的稀奇之处不在于狗会咬人,而在于狗咬人以后,事件的进展和处理过程实在稀奇。老奶奶被狗咬了,狗的主人拒不认错,老奶奶及家人找了物业、城管、公安、社区居委会等,也没有得到解决。后来老奶奶和家人找到地方电视台,狗的主人还是拒不认错,竟然把主持人急哭了。幸亏主持人急哭了,让"狗咬人"事件成了舆论焦点,狗的主人在单位的压力下,被迫向当事人赔礼道歉。

事件中的狗主人的态度和行为虽然存在问题,但也符合社会学的基本判断,即任何一个社会中,总会有文化上的边缘人为了一私之利,不惜违背社会公德,甚至不惜触犯法律。我们要正视这些奇怪的人、奇怪的事，如果不去处理，社会就会出现"劣币驱逐良币"的现象，社会失去秩序在所难免。

从日常经验看，"人狗纠纷"是当前城市社会最常见的社会问题。几乎每一个小区、每一个居民，都碰到过类似的事情，实在让人深感无奈。我调查过一个案例，某市民的邻居养了一只大型犬，天热的时候，邻居让大型犬在走廊里休息，市民的幼女屡屡遭到大型犬的惊吓。该市民和邻居沟通时，邻居说他家的狗不咬人。该市民找了小区物业，物业确实上门做了工作，但沟通结果无效。该市民被迫打电话投诉，打了市长热线，也打了110，社区民警也上门做工作，邻居收敛了几天，但过后又恢复原样。该市民实在没办法，只能把房子卖了，换一个小区居住，倒不是完全因为这只狗的问题，而是想想将来还要和这样不讲理的邻居相处，实在是受不了。不过，这更助长了邻居的嚣张气焰，在这位市民搬家时，还遭到了邻居的眼神挑衅。

在这个意义上看，对于基层部门来说，事小并不意味着不重要。从我的调研结果来看，有关部门并不是不管，也不是不想管，而是真的不好管。物业是有维护公共环境的责任，但物业并没有调解纠纷、解决社会问题的职责。居委会有调解纠纷的职责，但也仅仅是"以法律为准绳、以事实为依据"而已，要是碰到一个不讲道理的人，也没办法。大多数城市对养犬行为的管理，可能涉及几个部门，有些地方是由公安部门承担主要管理责任。公安部门也颁布了有关条例，并通过办理养犬证等对养犬行为进行依法管理。有些地方则由城管部门纳入市容环境卫生管理范畴，进行专项管理。这些部门有权力对之进行管理，可以采取法律措施，但问题是，执法的要求非常高，而且市政部门的力量不足以支撑常态化的管理。

概而言之，这看上去是"人狗纠纷"，但实际上是因养狗而产生的人际冲突。如果人际关系不调整，"人狗纠纷"怕会源源不断地产生。安阳市"狗咬人"事件，问题之所以难解，除了狗的主人不讲道理外，还要归咎于两点：一是城市社会中人际冲突的特性，二是细小琐碎事务的难办之处。

客观而言，城市社会是"陌生人社会"，同一个小区的居民，哪怕是门对门的邻居，往往也是没有任何交集的陌生人。并且，在快速城镇化的进程中，城市的市民很可能来自全国各地，他们也从事不同的职业，无论是习惯还是价值观，都有非常大的差异。这种潜在的差异，很可能因为一件极小的纠纷而产生人际冲突。"人狗纠纷"确实是小事，只要人们相互理解，如果理解不了，找个说理的地方，也许就能解决问题。但是问题在于，今天的城市居民基本上丧失了公共空间。因为大家都是陌生人，不容易传达人与人之间的善意，相互之间的猜忌和不信任反而容易被激化。

在这类事件中，被伤害的一方主张权利，很难获得对方的认可和积极配合。狗的主人容易站在自己的立场上看问题，本能地维护自己的利益。而主张权利的一方，必然因此寻找公共部门。这进一步刺激了另一方的自我保护行为。也就是说，从源头上来说，陌生人社会以及未能建立公共空间的社区，并不容易化解类似的邻里纠纷。几乎每一个维权行为都可能激发另一方的潜在反抗。而双方的拉锯战，必然是以消耗公共资源为代价的。

由此可见，公共部门被迫介入"剩余事务"，存在尺度考量的问题。市政部门的力量极其有限，尽管有介入义务，也有依据，但真要处理起来，并不容易。从管理的角度上说，哪怕是市政部门介入，也希望以调解的方式来解决。因为，一旦以法律的方式来处理，则会让邻里关系变得不可调和。一次纠纷被解决了，却很可能潜在地制造了更大的矛盾。从这个角度来看，公共部门通过调解方式处理"剩余事务"，而不是简单地积极采用法律的手段处理，是符合城市治理的实际情况的。而一旦以调解方式处理"剩余事务"，市政部门就会产生依赖思想，希望物业和居委会去处置"剩余事务"。

但问题在于，物业和居委会所面临的问题是，它们没有退路，无论情愿还是不情愿，都会去处置"剩余事务"，但它们没有强制决断的权力，并非真正意义上的公共部门，它们也很难回应维权者的各种需求。只要物业和居委会真正地投入，是可以处理大部分矛盾的，但完全依赖其处理所有问题，则是不现实的。最终的结果是，总会有部分矛盾会在公共部门和物业、社区之间转圈，陷入死循环，从而得不到有效回应。

少量的"剩余事务"留在社会中，无法得到公共部门的有效回应，是无法避免的代价。从治理规律的角度来看，公共部门越积极，"剩余事务"就越可能从原来的处理渠道涌入行政和法律的轨道，进而挤占公共资源。这对城市治理体系而言，未必是好事。

需要指出的是,这并不是公共部门和有关工作人员推卸责任的理由。公共部门和工作人员是否积极介入处置"剩余事务",介入的方式和时机如何,取决于其经验和态度。如果公共部门的工作人员的态度积极,有负责任的精神,建立和社区、物业的良好联动机制,"剩余事务"是可以以合适的方式得到有效处理的。

由此可见,处理"剩余事务"需要建立多方治理的格局。这一格局,是制度建设的结果。尤其是部门之间和条块之间的分割,需要通过治理现代化来改善。但更重要的是,"剩余事务"看似是解决事情,但归根到底是在做人的工作,也就需要各方工作人员有积极性和自由裁量权。多方治理的格局并不是自然形成的,而是从群众工作实践中得来的。"剩余事务"的处理并无定法,法在工作人员的心中。

肆

地方政府行为

基层治理的核心是群众工作

自 2020 年 7 月以来,内蒙古自治区呼伦贝尔市陈巴尔虎旗为了完成退耕还林任务,铲毁了 2 万多亩即将成熟的麦子、油菜。这种做法几乎是一个多输局面:农民利益受到了损害,地方政府得不偿失,上级政府还是照样支付退耕还林的补偿。更关键的是,2 万多亩的劳动成果,说到底是社会财富,如此浪费,实在是不可原谅。

显然,地方政府官员并不缺乏常识。从我的调研结果来看,当前的绝大多数地方官员对基层事务的复杂性有清晰的认识。绝大多数党员干部很重视群众利益,也不缺乏群众观念。但关键的问题在于,地方政府官员有常识,不等于政策的制定者和执行者也有常识。政策的制定,其实都有一个"完美行政"的想象,力求政策执行和政策目标之间保持高度一致,任何政策执行的偏差都有可能被视作对政策目标的挑战。政策的制定者具有"空中视角",他们往往是不讲常识的。

就退耕还林的政策而言,上级主管部门的做法,安排试点,分配指标和规定时间,并辅以督查,这并没有错。毕竟,所有的工作节点都一环扣一环,只要每个环节都做到位,地方政府是可以完成任务的。事实上，在三个试点地区中，其他两个地方均已完成任务，唯有陈巴尔虎旗未能完成任务。问题在于，地方的政策执行并不一定如政策制定者所想的那么完美，无论是出于主观考虑，还是因为客观原因，政策容易在某一个环节掉链子。从退耕还林工作的规律上看，一般要在春耕前启动和完成。陈巴尔虎旗只是启动了工作，发布了禁止种植的命令，但并未完成退耕还林的工作任务，农民的补偿方案也未完成，可能存在的违法耕种等现象也未得到有效制止。出现这些结果，很可能是因为上级政策配套不够完善，无法及时完成，也可能是因为地方政府主观上不够重视，执行晚了；更可能是因为基层还有很多困难需要解决，如群众的多样诉求没办法及时回应，导致无法推进工作。总而言之，地方政府从开始就陷入了困境，失去了政策执行的最好时机，也进一步加大了后期政策执行的成本。原因很简单，只要种上了农作物，即使农民愿意退耕还林，而且补偿到位，也不愿意亲自毁掉自己的劳动成果。

　　但问题的触发却源自上级部门的督查。陈巴尔虎旗之所以急于铲毁2万多亩麦子和油菜，直接动因是在2020年6月接受上级部门退耕还林工作的督查中，因没有完成任务而受到了批评。而按照退耕还林工作的时间节点推算，如果2020年9月之前还不完成任务，地方政府很可能会被追究责任。这就意味着，地方政府失去了改正错误的机会。根据当地有经验的基层干部的说法，等秋收后，2020年9月再退耕还林也来得及。但无论出于何种原因，地方政府选择了服从，而不是为自己争取时间。

真正值得我们重视的是，在上级部门的督查面前，为什么地方政府选择了无条件整改，而不是寻求上级部门的理解，以便达到相对良好的政策效果呢？就我的观察结果看，这恐怕不是由个别领导主观意志所决定的，而是既有制度导致的结果。这些年来，地方治理体系在一定程度上出现了"对上不对下"的逻辑。其核心表现是，上级部门从办事的职能部门转变为专门调查某项职能的督查部门，而地方政府则承担了诸多属地责任。以内蒙古自治区的退耕还林政策为例，自治区和设区的市一般只对本区域范围内的退耕还林工作进行总体规划，旗县级人民政府则制订退耕还林年度实施方案，并按照方案具体实施，自治区人民政府林业行政主管部门以旗县为单位展开抽查和复查。这一政策执行体系，表面上是赋予了地方政府足够的事权，但在上级部门通过检查等方法加强全过程管理的情况下，地方政府的自主空间并不大。

同时，在既有的地方治理体系中，地方政府主要领导的主观判断能够顺畅地转化为制度行为。例如，主要领导可以通过合法程序形成决议，并通过调整干部、调配资源，甚至成立专门的工作机构等办法，来贯彻自己的意志。对于某项上级政策，只要地方政府主要领导充分重视，理论上是可以"不惜一切代价"来实现政策目标的。但问题在于，地方政府主要领导的统筹能力强，并不等于地方治理体系有自主性。恰恰相反，当前的地方治理，地方政府主要领导的强大统筹能力和治理体系较弱的自主性，非常奇妙地结合在一起。其结果是，好的政策可能因为地方政府主要领导的高度重视，从而取得良好的治理绩效。但是，如果地方政府主要领导的主观意志与上级不切实际的政策相结合，就很可能扩大政策的负面后果。就这次事件而言，上级林业行政主管部门的督查，显然给地方政府造成了极大的压力。地方为了向上级表明坚决整改、保证完成任务的态度，便表现出了"雷厉风行"的作风。

如此一来，这种"对上不对下"的地方治理体系的出发点不是尊重基层实际，为群众利益着想。哪怕是好政策，决策者也许是为了群众着想，但执行者仅仅是为了完成上级交代的任务而已。例如，退耕还林政策，本来是一个利国利民的好事，但仅仅因为地方政策执行中的一点瑕疵，便造成了如此大的不良后果。如果地方治理体系有一定的自主性，如果地方政府主要领导在上级部门面前有点底气，如果上下级之间的政策沟通机制顺畅，完全可以避免类似悲剧。

基层治理的核心是群众工作，执行过程中出现问题在所难免。因此，我们需要给地方治理预留弹性，决策者不能只当监督者，执行者也不能对政策的初心不管不顾，上下级之间而要建立民主的政策沟通机制。

让殡葬改革回归本源

2018年7月，江西省殡葬改革"抢棺材"事件，备受关注。

执法队进村入户，强行将村民的棺材抬走，将棺木堆在一起用挖掘机捣毁，一些提前备好棺材的老人瘫在地上大哭……这样的场景用"粗暴执法"来概括一点也不为过。

明知搞"一刀切"，会带来负面后果，地方政府为何还如此激进呢？

一、反面教材

说到底，问题出在政策设计者和执行者都缺乏关于人心的治理思维——他们往往将关于人心的治理等同于普通的行政业务，将群众工作庸俗化为政策执行。

2018年，江西省各地都在进行殡葬改革，只不过执行的节奏和力度有所不同。群众不理解的地方在于，如果这里要修路、搞拆迁开发，需要挪坟移墓，给老百姓发补偿，也未尝不可；但是搞"一刀切"，只要是高速公路上看得到的墓地都要拆迁，就不知道这样做的逻辑是什么了。

按照当地风俗，很多老人从四五十岁就开始给自己准备棺材放在家里，这是个人财物，凭什么执法者就可以入户将棺材抬走并拆毁？一口棺材价格为几千元，很多老人积攒了一辈子，补偿却只有一两千元，凭什么要让老人"自愿上交"呢？

有人说，执行者的手中有公文，有地方政府的文件。但《检察日报》指出，早在2012年修订的《殡葬管理条例》中就专门把原来的"拒不改正的，可以强制执行"一条删除，就是为了防止民政部门在殡改中暴力强制推进。依照《中华人民共和国行政强制法》的规定，县级以上政府有行政强制执行权，但绝没有暴力执行、破坏他人财物的权力。

殡葬改革工作政策性强，覆盖面广，涉及千家万户，社会关注度高。因此，殡葬改革能否得以顺利推进，并不能简单依靠政策的贯彻执行，而是要依靠做大量的群众工作。换言之，与一般的针对少数人的治理不同，殡葬改革是针对大多数人的治理，只有人们从内心认同，治理目标才能达成。

假设少数人的治理可以通过强制方式加以"压服"，从而实现政策目标的话，那么，针对大多数人的治理，只能通过说服教育的方式，让群众自觉接受相关的政策措施。

殡葬改革作为一项"民政"，与其说是一项政策、一项改革，还不如说是一次大规模的群众工作。既然是群众工作，就不能仅仅依靠行政方式；要让群众认可，就不可操之过急。

江西省殡葬改革中的"抢棺材"事件，几乎可以说是群众工作方法的典型反面教材。

二、吊诡

2018年7月18—19日，江西省在赣州市召开了殡葬改革工作现场推进会。会上的要求是，要像省内的先进经验一样，通过"教、堵、疏、管、转"五步工作法，"坚持教化在先、疏堵结合"。

但问题是，怎么教化呢？根据披露的信息，教化工作大致是宣传政策，尤其是通过制造氛围，宣示政府改革决心，也就是通常所见的推土机砸棺材的场面。做群众的工作，一般是通过经济补偿来诱导群众主动配合交出棺材。

总之，如果一项群众工作的后面，隐藏着赤裸裸的权力展示，群众怎么会从内心认可呢？甚至，绝大多数地方在开展群众工作时，用行政方式取代群众工作方法。例如，一些地方政府普遍要求党员干部带头推进殡葬改革，不仅要求党员干部自身带头，还要求党员干部的家属带头。

这表面上看是群众动员，但实际上是行政体系内部动员。群众工作方法表面上被激活了，却被基层行政技术所替代；群众动员表面上也有，却严重依赖于行政体系内部的动员；思想工作看似起作用，却源自行政强制的压力。

如此一来，即便是地方政府可以达成设定的短期目标，但是因为群众工作做得不扎实，没有从根本上获得群众认可，也必将面临改革失败的风险。绝大多数基层干部只是迫于短期内的强大行政动员而遵从政策，执行政策。一旦行动过后，基层政策执行的积极性会大为降低，极容易出现反弹。

殡葬改革成果要实现常态化，需保持相当一段时间的政策高压态势。但问题在于，基层有那么多的行政资源吗？在群众普遍不认可的情况下，暗地里钻空子也好，明着当钉子户也罢，他们都在不断蚕食着改革的成果，消耗着行政资源。

三、人心

殡葬改革的社会关注度高，地方政府主要官员非常清楚这一点。但可惜的是，几乎没有哪个主要官员去认真思考为什么殡葬改革会获得如此高的关注。仅仅是因为改革激进、工作方法粗暴才吸引媒体的眼球？显然不是。这些年来，绝大多数地方的殡葬改革之所以引起全国舆论的关注，恰恰是因为各地群众不满意。

殡葬管理不是一项简单的民生政策，而是关乎人心的治理。殡葬改革也不仅仅是移风易俗，而且还涉及人心安顿。通过一纸公文来强力干预人心，不仅荒唐，而且是对社会现代化的不负责任的表现。

与具有宗教信仰传统的西方社会不一样，中国作为一个世俗社会，具有悠久的历史传统。这个世俗社会，被梁漱溟称为"伦理社会"，人们心灵的安顿和社会秩序的维系均源自一系列的伦理生活。

概而言之，中国社会的秩序，是建立在一系列的伦理规则上的，而这一规则的基础与祖先崇拜有密切关系。"慎终追远，民德归厚矣"，慎重对待祖先，是实现公序良俗的基础。

这是为什么在全国绝大多数地区，丧葬都是一套系统培育社会公德的文化的原因。哪怕是在今天，祖先崇拜也具有积极意义，丧葬仍是社会治理、安顿心灵的极其严肃的社会制度。

根据调查发现，全国所有农村地区的传统文化都与丧葬有关。

很多社会机制的运转也是以丧葬文化形式来呈现的。祖先崇拜文化发达、丧葬文化完整的地区，社会问题往往较少。尤其是正处于巨变中的中国农村，更需要一套安顿人们心灵的文化体系。

为什么？因为该地区的老年人对来世充满敬畏，对死亡尤为慎重，乃至为自己提前准备一口棺材被视作人生中的一件大事——老年人生前每天与棺材为伴，才能坦然面对死亡。这种心灵安顿，何尝不是一种精神福利呢？何尝不是维系社会稳定的社会机制呢？

一些地方政府为了显示政策力度，还挖坟把已经下葬的尸体拉出来火化。这种激烈手段无异于给政府制造对立面。赣南地区所有坟墓基本都经过认真选址，一旦移动坟墓，当地人认为，这是在打破"入土为安"的禁忌。基层政府或许是成功地推行了殡葬改革，却为当地的基层治理埋下了隐患。

在这个意义上来看，"抢"的不是棺材，"抢"的是那些老人的生命意义。

吊诡的是，一些激进的殡葬改革者宣称推进殡葬改革是"传承优秀传统文化、促进社会文明进步的重要内容"。但这些改革，何曾考虑过传统文化的内核，何曾在意过传统文化在社会治理中的基础作用？

四、慎重

事在江西，当思全域。当前亟须对殡葬改革进行彻底反思，有关部门应该停止这种激进式殡葬改革。

全国各地现存的殡葬文化，是一项严肃的社会制度。作为一项流传千年的习俗，其有着合理性。它不仅关乎社会治理，也关乎人心稳定。未经深入研究、严肃论证，仅仅用一句"千年旧俗"就否定现存的丧葬文化，是对国家、民族和社会的不负责任的表现。

殡葬改革可以对丧葬文化中不合理，也不为群众所认可的部分，如建造豪华墓地和活死人墓、大操大办等采取措施，给予规制，但不能连同丧葬文化的内核及其优秀部分一并否定。哪怕它是一种旧俗，也需要遵从移风易俗的规律，不能简单地用行政强制替代群众工作。

我是闽西客家人，闽西文化和赣南文化一模一样。家乡人早在10年前就主动接受了火葬，那时武平县还没有火葬场，未经地方政府动员，农民主动把尸体拉到邻县火葬场火化。这样做的理由很简单，他们认为，火化后干净。如今，武平县也倡导火葬，也做移风易俗的工作，却不采用强制措施。

由此可见，随着时代的进步，传统丧葬文化与现代社会认知是可以相互融合的，群众认可后，移风易俗自然水到渠成。

"看得见山，望得见水，留得住乡愁"的美丽中国建设，终归要落脚到"留得住乡愁"上。大多数国人现在仍有乡愁，并不仅仅是家乡的山水仍然在，而是家有老父老母，或是有祖先的祠堂、坟头，让人们的心灵有所寄托。

须知，清明节放假不是为了发展旅游业，而是方便人们慎终追远。如果哪一天,我们通过殡葬改革把家乡山水里的乡愁乡情一并改掉了,那么,美丽乡村又有什么意义呢?如果哪一天,人们都没有了敬畏,没有了精神寄托,这样的殡葬改革又有什么意义呢?

因此,要让殡葬改革回归本源,学术界和政策界都应对相关问题作认真研究。假借殡葬改革来实现别的政策目标(如换取土地指标,甚至是殡葬垄断),或用节约土地、生态建设等别的政策目标使粗暴的殡葬改革合理化,是不可取的。这种做法,既违背政策科学,也会为将来的基层治理埋下祸患。

总之就是一句话:殡葬改革是关乎人心的治理,必须慎之又慎!

为什么要搞城市创建

创建全国文明城市、国家卫生城市工作,是很多城市正在做的大事。不少基层干部和群众反映,创建全国文明城市、创建国家卫生城市是形式主义。尽管如此,为什么各个城市还积极参与全国文明城市、国家卫生城市创建工作呢?

其实,原因简单明了。全国文明城市和国家卫生城市,是各城市的金字招牌。尤其是全国文明城市,因为含金量高,创建难度大，综合性强，也就成了最具价值的城市品牌。一个城市，要是有了全国文明城市的金字招牌，地方政府在城市竞争中就有底气，招商引资也有底气，老百姓也有城市归属感。城市创建确实是统领城市管理工作的一个抓手，简单有效，而且回报率高。对于城市的管理者而言，在自己的任期内创建了全国文明城市，是可以在城市发展历史上留下浓墨重彩的一笔的。

我考察过不少城市的品牌建设。实际上，任何一个正处于快速发展过程中的城市，都有强大的动力去创建各种城市品牌。很多城市因为基础薄弱，就只能先去创建一些很不起眼、综合性不那么强的品牌。对一些民间协会举办的各种创建活动，不少城市也有极大的参与积极性。

究其原因，是经营城市属于城市发展的一个有机组成部分。如果一个城市有足够的历史文化积淀，也有强大的经济实力，甚至有得天独厚的自然环境和交通条件，自然就有了城市品牌，当然不需要通过各种标签来给城市"贴金"。这些城市要做的就是，如何发挥好自己的优势，如何挖掘自己更大的潜力。

但对于大多数城市而言，如果不注重推广城市，城市难以发展起来。概而言之，资本的青睐和公众的关注度，并不是天然就有的。地方政府要在招商引资等城市竞争中获胜，总得有拿得出手的品牌资源。如果这个品牌真的积累成了广受认可的口碑，城市发展就会事半功倍。没有品牌的城市，总是绞尽脑汁挖掘城市的潜在优势。

城市都有自己的优势和劣势，它们要经营自己，非常不容易。

很多城市连非官方的排名都在乎，如果是有一点官方背景的城市排名，则更是趋之若鹜。话又说回来，一些城市正是通过各种评比活动，才潜移默化地改善了自己的形象。很少有城市可以一步登天，一开始就获得"全国文明城市"称号。一般而言，在获得"全国文明城市"称号之前，需要在卫生城市、园林城市、平安建设等评比过程中获得佳绩，积累了丰富的经验，打下了坚实的基础。

城市创建是一个典型的锦标赛机制。这个机制的特点是，各城市在一个评价标准下，在一个赛场内，充分竞争，客观排名。客观而言，锦标赛机制有很多弊端。例如，备受诟病的 GDP 排名，导致了各个地方政府之间的恶性竞争。但总体上，锦标赛机制是激发城市搞全国文明城市、国家卫生城市创建工作的积极性的重要因素。我经过调研发现，全国文明城市、国家卫生城市等城市创建活动，总体上是发挥了积极作用的。

从 2005 年开始，中央精神文明建设指导委员会办公室每 3 年评选出一批全国文明城市。根据全国文明城市的测评体系，全国文明城市的评选几乎涵盖了城市工作的方方面面，包括城市环境面貌、社会公共秩序、公共服务水平、居民生活品质等。客观上，经过多年的发展，这套测评体系还是有效的。有一些指标是客观指标，真实地反映了城市各项工作的水平；有些指标是主观指标，也能够反映市民对城市工作满意度。概而言之，中央文明办所搭建的全国文明城市创建这个锦标赛，是有足够的权威性的。

但问题在于，城市创建是"创"出来的，并不是简单地授予称号即可。也就是说,大多数城市在城市创建过程中,都是按照"以创促建"的逻辑进行的。也就是说,和主办方所发布的指标体系相比,城市工作的很多方面是不达标的。因此,城市创建的核心是"对标找差"、补短板。

我调研过一些城市的城市创建工作。其中,最明显的短板便是市容市貌。很多人都把市容市貌管理看成是一个"面子工程",这是对市容市貌管理的一个误解。对于市容市貌或者城市形象而言,要搞好它,管理水平是一方面,但最关键的一方面还是基础设施建设。下水道是否通畅,停车位是否充足,小街小巷是否畅通,广场和公园是否开放,公共厕所设置是否合理,非常多的看似不起眼的问题,都将直接影响一个城市的文明程度。举一个例子,很多城市的占道经营现象之所以多,说到底还是市场或大型超市的布局不太合理。这既是城市规划和管理的问题,也是基础设施建设的问题。2020 年 8 月底,纪录片《城市梦》上映。它反映的是 2004 年武汉创建全国文明城市期间城管和小商贩之间的故事。城管为了整治好街道环境,想尽各种办法把占道的小商贩疏导到合适的位置。城管为了创建全国文明城市工作,梳理了武汉市多年积累下来的管理难点和堵点,并全面了解城市公共空间的布局问题,最终完成了创建工作。

这也就可以理解,为什么城市创建工作总是伴随着大拆大建。事实上,大多数正在创建的城市,本来就处于城市建设提档升级的阶段中。创建全国文明城市工作,恰恰为城市管理者提供了一个绝佳的抓手。这主要有两个原因:一是创建全国文明城市工作具有综合性。城市管理者似乎只抓了这一项工作，其实是把城市的方方面面工作都抓起来了。只要创建全国文明城市成功了，城市也会获得提档升级。二是创建全国文明城市激发了城市发展的动力。每个城市在发展的过程中，都有不少难点堵点。例如，有些城市角落需要改造，但因为各方面阻力大，也就搁置下来了。一旦要创建全国文明城市，这类疑难问题就可以趁势解决掉。毕竟，创建全国文明城市工作本身就意味着要营造氛围。各个利益群体都知道要服从这个大局，也就有了相互妥协的可能。最重要的是，各级政府之间、各个部门之间，也可以借势加强合作，最终完成任务。

很多城市在创建全国文明城市的过程中，产生了债务，埋下了隐患，这都是客观存在的事实。基层为了创建全国文明城市，也耗尽了所有资源，但因为条件不允许，所以只能表面应付。于是，形式主义就随之产生了。例如，得搞一些"示范街"，重要的道路要装扮一新，一些不切实际也不实用的"五星级厕所"之类的配套设施，也是要有的。

当然，城市创建中最突出的形式主义，是为了迎合那些主观评价而做的表面工作。文明城市创建的测评方式，主要采用听取汇报、材料审核、问卷调查、网络调查、实地考察、整体观察等方法。其实，每一种调查方式都具有一定的主观性。材料是否充分，是否有特色，很影响考评成绩。有些城市为了高分，甚至搞了一些假材料，从而被通报批评。而问卷调查、网络调查、实地考察和整体观察等方法，很大程度上都和调查对象和场景有密切关系。站在创建城市的角度看，各级政府和干部，还有广大市民辛辛苦苦忙活了那么长一段时间，终于达到了客观指标，当然不愿意因为这些主观评价而功亏一篑。

有这样一个悖论：越是主观的测评，其结果越不确定。从创建城市的角度看，则是要保证万无一失。一般而言，每个城市在创建过程中，各个单位都是签了责任状的，属地管理，守土有责，这是基本要求。其规则是，哪个地方、哪个环节出了问题，就由哪个部门和哪个领导负责。问题是，很多城市在创建过程中，只能保证重点工程、重点工作的经费，基层面临很大财政压力，根本没有条件补充那些短板。在这种情况下，基层为了保证万无一失，甚至使用过度包装、整材料、布置场景等办法。

城市创建中的形式主义，不是城市创建本身带来的，而是城市创建过程中"毕其功于一役""万无一失"的运动式治理方式带来的。条件还不成熟的城市，最好还是要量力而行。而从测评方式看，也有改进之处。例如，尽量减少运动式的检查和考评，测评要以客观材料和日常性的考评为基础。

耍官威已经过时

2021年初，有两名干部因为耍官威受到舆论的谴责，也受到了组织的处分。辽宁省大连市金普新区友谊街道办事处原副主任王某某，因为不服从志愿者要求登记身份证号的防疫要求，打电话给街道下属的康乐社区党委副书记卢某某协调，结果两人均受到组织的处分。2020年11月11日，河南省济源市委书记张某某"掌掴市政府秘书长"事件，被人公开举报，也引起了舆论关注，河南省相关部门介入调查，张某某被免职。

耍官威的时代已经过去了。这有以下两个重要标志：

一是越来越多的体制内的人不再接受对领导绝对服从这一潜规则。王某某之所以会受到组织处分，源自社区志愿者当场对"耍特权"的行为说"不"。社区原副书记卢某某陷入原有的官场潜规则中不可自拔，屈服于上级领导的官威，最终也受到了惩罚。而张某某掌掴政府秘书长之后，当事人秘书长也一度容忍了下来。但同样处于体制内的当事人的妻子最终还是选择了公开举报张某某。

二是舆论对耍官威现象的容忍度越来越低。身为街道办事处副主任的王某某打电话让社区副书记协调，以便自己享有不用遵从防疫规定的"特权"，引发了网络上关于"卢书记怎么办"的讨论。而张某某掌掴下属的行为被曝光后，舆论也一边倒地谴责其耍官威，甚至引起了中纪委的重视。这充分说明，公开、公平、公正的规则意识已经深入人心，人们对潜规则的接受度越来越低。

耍官威的时代已经过去，但客观上说，任何一个领导干部，尤其是政府部门"一把手"，如果没有一定的权威，也很难服众，难以推进工作。通常而言，领导干部的权威主要源自以下几个方面：

一是体制赋予的权威。简单而言，职位的等级及其背后的权力，赋予了领导威信。王某某之所以打电话让卢书记协调，并不仅仅是因为她认识卢某某，而是因为她的街道办副主任的身份，理论上可以支配社区副书记。所以，卢书记哪怕知道那么做会违反原则，也只好满足其要求。有一些职位甚至会赋予某些特权。张某某掌掴政府秘书长的导火索竟然是秘书长不是市领导，没有资格在特定场合用餐。

不过，体制所赋予的权威，其实给的是职位。某些领导干部将特定职位所包含的权力，视作个人的专属权力，其实是对权力的一个很大误解。王某某之所以会让卢书记为难，是因为她就不清楚，他们这种上下级关系，是建立在职务范围之内的。而任何职务行为，都有公共规则。但可惜的是，王某某却在职务范围之外行使特权。而张某某之所以如此任性，是因为他在潜意识中把制度上的"一把手"等同于自己，觉得自己就是规则。

二是先赋性权威。有一些领导，因为有独特的个人魅力，从而获得了超出一般人的威信。这些个人魅力，可能源自家庭、学历等。甚至，个人的形象特质，以及语言的艺术和风格，都会在特定的情景下吸引下属。如今，基层呈现出"层级流动"的特质，越是基层的官员，跨区域的流动越困难。从反面看，层级越高的领导，反而越容易跨区域流动。各个层级的党政机关的主要领导职位，基本上都有回避制度。结果是，每个地方的党政机关的领导都是流动任职的官员。于是，基层呈现出"上层流动官员＋中下层本地官员"的结构。这些流动官员,如果要赢得人心,很大程度上取决于其个人的特质。

河南省济源市的张某某,虽然是济源市委"一把手",却是从省纪委直接下调的流动官员。在这之前,和济源市本地官员几乎没有任何交集。能够掌捆下属,恐怕因为个人作风比较强势。但强势要转化为权威,是需要一系列条件的。最简单的道理是,强势要有可预期的后果。按当前的干部使用制度,"一把手"任职一方的时间,平均就是三四年。这意味着,刚刚到位的"一把手"的作风要强势一些,下属对其才有所忌惮。但假设人们的预期是,"一把手"在本地的时间不会太长,那么其强势也是强弩之末。真正的强势是不怒自威,而不是用掌捆下属这种错误方式来体现。

三是经过能力证明的权威。客观上,政绩是最重要、最稳定的权威来源。一个领导,无论其职位多高、个人魅力多大,如果没有干出造福一方的政绩,无法赢得广大群众的认可。

在基层,基层干部其实有两重身份。他们是基层干部队伍中的一员,有一个有作为的主要领导,领导大家干出一番事业出来,符合大家的期待。从官员晋升制度的角度来看,政绩是最重要的依据。并且,发展得好的地方,选拔干部的机会就多。如果"一把手"想让下属心悦诚服,最重要的方法就是让他们自己有前途。而地方发展好了,不仅"一把手"容易得到晋升,下属也有可能被提拔。

此外,基层干部还是属于地方群众中的一员。基层干部的家庭和切身利益都在地方，其本人的流动性也不大。从这个角度来看，他们对政绩的评判，和这些流流动官员有一些差别。简单而言，基层干部因为更了解实际，也更注重长远和根本，更在乎实绩。很多流动官员考虑的或许是如何在任期之内干出成绩。这决定了流动官员对政绩的考虑带有较强的功利性。

"为官一任，造福一方"，仍然是对地方政府官员最重要的评价标准。问题在于，真正具有开创性的、对地方有深远影响的官员，是可遇不可求的。这种官员的出现，往往是天时地利人和共同作用的结果。这种官员，不仅个人能力要强，且要有个人魅力，还需要在执政的地方有深厚的根基。个人能力和魅力都是可以塑造的，但执政根基却需要经验和人事关系的长期积累。而异地任职的规定，恰恰是一种限制主要官员对某一地方有过多影响的制度设计。

由此可见，首先，要官威是作风问题。现如今，仍然有一部分领导干部将公权视作私权，将职位权力当作个人权柄，本质上是未在灵魂深处认识权力的来源。其次，也有一部分下属屈服或追逐官威，将对个别领导的服从视作职业生存之道。因此，基层中的各种依附关系泛滥，各种团团伙伙也难以得到根除。

从更深的层次上看，要官威是个别领导失去威望的表现。领导干部如果尽心尽力地为民办事，办事公道，讲规矩，就会树立起威望。即便是自己的职权受到挑战，也可以通过制度和纪律加以保障。通过要官威来宣示自己的权威，恰恰表明自己已经失去了把控全局的能力，效果也会适得其反。

尤其是今天的党政机关单位，已经不具备完全封闭和自我循环的条件。一方面，党和国家的各种规章制度已经将地方治理纳入法治轨道，试图通过个人的超级权力来营造"独立王国"，这条路已经行不通了。另一方面，今天的社会也是一个信息化的社会，普通干部和广大群众既可以通过正式的制度来维护自己的权益，也可以通过多元化的渠道实现权利救济。

要官威已经过时。领导干部需要节制自己的权力，不能任性；而普通干部也需要正确看待上下级关系，通过人身依附关系获得好处的时代已经一去不复返。上下级之间是同事关系，在工作上是合作关系，上下级只是分工不同，在人格上则是平等关系，没有高低贵贱之分。

基层青年干部的非正常流动

近些年来，基层干部流动性大，基层干部队伍不稳定，已经成为一个普遍存在的问题。尤其是在农村地区，"留不住人"是各基层单位的普遍现实。一些基层单位因缺人，严重影响了基层治理能力的提升。基层青年干部的不稳定问题，一部分是因为晋升、调职等正常流动导致的，但也有相当一部分是因为借调、临时抽调等非正常流动所致。稳定基层干部队伍，让基层青年干部有序流动，既是稳定基层秩序，稳步推进乡村振兴战略的需要，也是淬炼基层青年干部、有效激励基层青年干部的内在要求。

一、基层干部流动的制度渠道

基层干部流动，历来是吏治的一个重要话题。中国历史上存在"官吏分途"现象，即县和县以上的官员，是流动官员，具有较强的流动性；但县以下地方政府的工作人员，几乎都是固守于地方的官员，他们长期在本地工作，保持了极大的稳定性。新中国成立以后的干部流动特征，呈现出鲜明的"层级流动"现象。在每一个行政层级中，大部分干部只在本行政区域内部流动，只有职位最高的极少数官员有机会向外地或上一层级流动。

因此，长期以来，基层有一个重要问题，是基层干部流动不畅。他们不仅难以实现跨行政区域流动，也很难获得提拔的机会。乃至于，基层干部长期在一个地方工作，长期得不到交流提拔，呈现出了超稳定结构。基层干部流动较少，不仅影响干部的工作积极性，还容易导致地方权力网络的固化，影响治理效果。

近年来，随着《中华人民共和国公务员法》以及组织选调等干部选拔任用制度的完善，基层干部的流动性大大加强。由此形成了相互矛盾的干部流动现象：一方面，大多数通过考试、招干、大中专生分配等传统方式进入基层政府工作的中老年干部，长期在一个基层单位工作，缺乏流动性。另一方面，通过组织选调、人才引进和公务员考试等方式进入基层单位工作的青年干部，则具有极大的流动性，严重影响了基层干部队伍的稳定。

对于基层青年干部而言，其流动方式多元，流动频率较高，基层"留不住人"已经是一个普遍现象。我在中部地区某大城市市郊乡镇调研时发现，该镇 10 年来，前后有 8 位青年干部到镇政府工作。结果，这 8 位青年干部在乡镇的平均工作时间为 1 年。其中，最长的一位是两年半，最短的一位一天都没待——来镇政府报到了一下，第二天就被县委组织部借调了。在我国广大中西部地区，青年干部还是各个基层单位的"香饽饽"。原因是青年干部太少了。

应该说，最近一些年来干部流动渠道的畅通，为基层青年干部"跳出"基层创造了条件。在正常情况下，基层青年干部纵向流动主要表现为向上流动。尽管基层是淬炼干部的极好阵地，但对于个人发展而言，越是在上级部门，发展前途就越广阔。并且，上级部门往往是在城市，工作和生活的条件都比较好，这符合基层青年干部家庭再生产的需要。过去一些年，各地的组织部门倾向于通过公开考试的方式选拔干部。这极大激励了基层青年干部向上流动的热情。前些年，我在基层调研发现，几乎每一个基层青年干部都在备考，想考上级的公务员。只有在极少数情况下，如为了照顾家庭，或自己想有一番作为，青年干部才会主动选择下基层。

近年来，公开考试选拔的力度有所下降，但基层干部向上流动的热情并未降低。各地的组织部门都加大了对青年干部下基层的淬炼力度，有计划地将上级部门的青年干部下放到基层一线锻炼，同时也在基层选拔一批干部到上级部门锻炼。从总体上看，被组织选中锻炼的青年干部，数量不会太多。毕竟，从实践结果看，那些被组织部门选中的青年干部，基本上都是表现优秀的、组织部门有意培养的后备干部。这些青年干部已经在各自的工作岗位上有突出的表现，所以这种干部的数量不可能太多。但这客观上还是刺激了基层干部向上流动的热情。

近些年来，中央和省市等各级机关加大了向基层遴选干部的力度。上级部门向基层遴选公务员，有利于优化干部队伍结构，拓宽选人视野，拓宽用人渠道。但在实践中，遴选政策的最大影响是增大了基层青年干部的流动性。因此，很多在基层工作的青年干部，为了跳出基层，也有极大的积极性参加遴选。

干部选拔任用中规定的调离、晋升、挂职等属于正常的流动。从层级选拔和空间流动的规律看，基层青年干部如果没有一定的级别，几乎不可能实现跨县流动，也很难实现城乡之间的流动。因此，尽管基层青年干部的流动意愿较强，也有合理的制度渠道，但从结果看，基层青年干部的正常流动数量不可能太大，也不会影响基层干部队伍的稳定。关键的问题在于，除了正常流动外，还有相当部分非正常流动现象。

二、基层青年干部的非正常流动现象

在实践中，基层青年干部的非正常流动现象极为普遍，而且数量庞大。广为人知的一种流动方式就是借调。借调一般是指编制在原单位、被上级或主管单位借用，开展短期工作的行为。借调作为一种非正式的人才交流和公务协助方式，存在时间久远。它作为一种干部使用制度，有一定的合理性。例如，它有利于上下级之间的交流和政策沟通。它是人才培养的一种有效方式。但随着干部编制管理的加强，以及《中华人民共和国公务员法》的颁布实施，借调的现实考量逐渐超出了人才培养的需要。上级单位和主管部门借调人员，主要不是为了更好地培养人才，而是为了完成某项临时性工作。一些上级部门和主管单位长期依赖借调人员来完成一般性工作。

借调之所以会成为基层青年干部非正常流动的主要方式，在于围绕着借调，各方主体形成了紧密的权力—利益网络。从上级部门和主管单位的角度来说，从下级单位借调人员，无疑是获得了免费劳动力。近些年来，不仅基层负担重，上级部门的负担其实也不轻。而上级单位受到更加严格的编制管理，没有足够的工作人员。例如，经过机构改革，有些机构的编制得到了扩充，基本适应了新的职能要求，但不少机构编制被压缩，而职能和工作并未减少。这就意味着，这些机构非得从编制之外补充工作人员不可。

有一些行政部门有二级事业单位，虽然公务员编制有限，但事业编制比较充足。并且，只要有事业单位，还可以通过市场化机制雇佣编外人员。这就形成了一个惯例，行政单位向事业单位借调事业编制人员；事业单位则通过劳务派遣等方式补充临时工作人员。而对于那些没有事业单位的行政部门而言，普遍的做法是向基层借调人员。例如，县委组织部、宣传部，普遍需要从乡镇借调人员；省市的发展和改革委员会等单位，也会从基层借调人员。甚至，中央各部委的司局，会从基层单位借调人员。一些上级部门和主管单位，临时借调人员甚至比正式工作人员还多。

对于被借调的基层单位而言，派人去上级部门和主管单位工作，也有好处。上级部门和主管部门掌握着政策、项目和资金，而这些资源的分配并不平均。作为交换，在同等条件下，上级部门和主管单位照顾这些派出了借调人员的基层单位，是通常的做法。事实上，几乎每一个基层单位在派出借调人员时，都有明确或不明确的考量。例如，被借调人员在上级部门和主管单位工作期间，除了熟悉上级工作，搞好和上级的关系，做好基层单位和上级的沟通桥梁外，往往还肩负着为本单位争取荣誉和资源的任务。

而对于被借调的基层青年干部而言，在上级单位和主管部门工作，不仅有利于拓宽视野，提升工作能力，也有利于和单位领导建立紧密联系。如果在借调期间为本单位争取到了荣誉和资源，也是工作成绩。一旦借调结束，多数基层青年干部回到原单位都会得到一定程度的提拔或重用。如果时机合适，获得了上级的认可，也许还可以借此离开原单位，到上级部门和主管部门工作。

由此，借调制度在上下级之间编织了如此严密的权力—利益网络，因此它有强大的生命力。对于基层单位而言，借调也许是一个非正常的流动机制，但它是制度性的，有一定的规范性。不过,各个上级部门和主管单位从自己的利益出发,往往会人为地扩大借调的范围,而基层单位主动或被动地配合了上级要求,一些被借调人员即使干得不开心,也得服从组织安排。所以,借调具有非正常流动的特征。

相较于借调而言,临时抽调这一非正常的流动形式,更具普遍性。一般而言,地方党委和政府或某一个系统,在一段时间内会有重点工作,这些工作往往很难依靠常规的工作力量来完成。

例如,打赢脱贫攻坚、扫黑除恶和污染防治攻坚战,每一项攻坚战都要耗费大量的人力物力。脱贫攻坚是以县为主,而过去的扶贫办仅仅是一个小部门,业务并不多。因此,在脱贫攻坚任务比较重的贫困县,一般都是举全县之力开展这项工作。除了绝大多数干部都要联系贫困户参与扶贫工作,扶贫办聘用了数量不小的信息员外,县脱贫攻坚指挥部还要抽调各单位工作人员组成驻村扶贫工作队。按照工作队的要求,驻村队员需要全脱产,吃住都在村庄。这就意味着,相当部分基层青年干部都得离开本职工作,去从事扶贫工作。

我在公安机关调研时发现,这几年的扫黑除恶工作,客观上也造成了基层警力不足的问题。由于扫黑除恶的时间紧、任务重,而且工作的专业性比较强,上级公安机关一般都要成立扫黑除恶的专项班子来开展工作。进入专项班子工作的民警,一般都是基层的办案骨干,他们年轻、有经验且有干劲。专项班子工作虽然辛苦,但较基层派出所工作而言,专业性比较强,也比较单纯。因此,大多数年轻民警还是比较愿意被抽调到专项班子工作的,这可以极大提高专业素养。我在某市公安局调研发现，该市全部警力才1500人左右，但市局的扫黑除恶专项班子就有130多人。并且，每个县局也有数量不等的专项班子。这就意味着，全市大概有一半警力要从事扫黑除恶专项工作。

事实上，临时从各单位抽调工作人员从事某专项工作，是各级党委和政府推进工作的常规化做法。不仅三大攻坚战是如此，其他地方性的重点工作，如征地拆迁、突发事件处置、重大项目落地、招商引资、专项督查检查、教育活动等，无不如此。甚至，一些地方的组织部门还专门出台了相关规定，让新进公务员进入相关单位工作。

重点工作往往都具有时间紧、任务重的特点。基层青年干部参加这些工作，可以在短期内锻炼自己的综合素养。但是，相较于借调，这种临时性的抽调行为，并没有规范的制度约束，有极大的随意性。

除了借调和临时抽调，近年来，也出现了一部分基层青年干部为了逃离基层而辞职、跳槽的现象。一部分基层青年干部在基层锻炼一段时间之后，认识到基层公务员生涯并非自己的职业理想，进而决定辞职。其中，一部分基层青年干部辞职从事别的行业；还有一部分基层青年干部则觉得，处于基层，尤其是在农村，并不是自己的人生追求，转而辞职到城市寻找新的工作机会。

总体而言，基层青年干部对体制内的工作并无太大的依赖，辞掉公务员这个"铁饭碗"，逐渐被越来越多的人所理解。一方面，因为相较于别的工作，基层公务员工作并不轻松，职业前景也未必能实现每一个人的理想，待遇也不一定合适。因此，对于那些受过高等教育，尤其是教育背景还比较好的基层青年干部而言，基层公务员的吸引力并没有那么大。另一方面，因为社会流动越来越畅通，也越来越多元的情况下，基层青年干部对职业选择越来越开放，辞职换工作变得频繁。

当然，还有一部分基层青年干部是因为违法违纪而被辞退。从我的调查结果来看，基层青年干部是随着党的十八大以来全面从严治党的政治氛围成长起来的，他们普遍有较高的纪律意识。但极少数基层青年干部因为放松了对自己的要求而铤而走险，最终受到纪律处分，甚至受到法律惩处。我调查过一个案例，一名青年干部的家庭经济条件很好，家里不缺钱，但是因为他基层工作经验不足、虚荣心作祟，造成国有资产流失，最终受到党纪和政纪的处分，被开除。这名青年干部离开公务员队伍，虽然也不影响他创业或在企业工作，但终究是在基层工作中留下了污点。

三、让基层青年干部合理流动

基层青年干部的合理流动，既关乎干部的成长和成才，也关乎基层的稳定。近年来，我国积极探索建立干部合理流动、能进能出、能上能下的常态化机制。其中，畅通正常流动机制，规范和约束非正常流动，是保证基层青年干部合理流动的关键。

一是完善晋升机制。公平合理的干部晋升机制，是干部流动的制度基础。对基层青年干部而言，核心是要打破层级提拔限制。

越是在基层，干部面临晋升的天花板现象就越突出。以乡镇为例，绝大多数基层干部的晋升天花板是副科级。乡镇的副科级职位虽然比较多，但也无法充分激励青年干部的工作热情。作为一个补充机制，基层普遍运用隐形台阶"制造流动"，让青年干部能在更多的岗位上得到锻炼，实现人岗相适。在职级并行制度推行后，解决了部分基层干部晋升的天花板问题，也切实解决了基层干部的待遇问题。但在实践中，职级并行制度更像是解决有一定资历的基层干部的福利保障，并未充分发挥其激励青年干部有所作为的作用。因此，基层干部的晋升机制，既要倡导面向基层，重实绩的导向，又要增强基层选人用人的灵活性和规范性，让职级并行制度充分发挥积极作用。

二是要打破空间流动的结构限制。受"下管两级"的干部管理制度的影响，基层干部流动基本上被限制在县域范围之内。并且，越是普通干部，越难实现跨区域流动。这一干部管理制度已经不适应当前干部流动的现实了。和过去的原籍分配制度不同，当前的青年干部，无论是在基层工作还是在上级部门工作，基本上都是通过考试录用的。如果以县作为一个基本的空间维度，则有很多的基层干部属于异地任职。一旦基层青年干部结婚生子，就会面临两地分居、子女教育、住房保障等各类现实问题。甚至很多基层青年干部，尤其是女性青年干部，由于长期在基层工作，连找对象也成了问题。我在调查中发现，绝大多数想尽办法参加各种考试，哪怕是辞职也要流动的基层青年干部，其最核心的动力是解决婚姻家庭问题。因此，各地应该探索基层干部跨区域流动的机制，要为基层青年干部的异地交流提供方便。

三是要规范和约束非正常流动。上级部门和主管单位向基层借调人员，应该有一定的数量限制。这需要建立一个原则：非必要，不借调。上下级之间的人员交流，要建立干部交流制度。尤其需要严格限制干部临时抽调行为。基层工作有综合性、临时性的特征，上级部门完成重点工作需要集中力量办大事，这本身没有错，但确定什么是大事、什么事情需要抽调人员，则需要慎重。基本底线是，临时抽调人员不能影响原单位的常规工作。当然，对于那些确有个人想法需要辞职的干部，组织上应予以支持和理解，这是干部能出能进的具体体现。

当村干部为何成了"苦差事"

在实践中，制约村干部积极作为的主要原因有哪些？村干部积极作为需要哪些制度条件呢？

一、当村干部是不是"苦差事"，主要是由基层"最后一公里"的性质所决定的

当前，全国各地都在巩固拓展脱贫攻坚与乡村振兴的有效衔

接。村干部是推动实现乡村振兴的重要力量。一方面,人才是乡村振兴的关键,人才匮乏是农业农村发展的一大瓶颈。因此,需要一些能人、返乡大学生扎根乡村,让这些人才既能在产业兴旺中获得人生价值,又能在乡村治理中发挥带头作用。另一方面,"给钱给物,不如建个好支部",加强党的领导,培养千千万万的优秀基层党组织带头人,是乡村振兴的重要组织保障。乡村振兴是党中央确定的国家战略,村干部是国家战略实施过程中打通基层的"最后一公里"。从客观上说,当前有些地区把当村干部认为是"苦差事",主要是由基层"最后一公里"的性质所决定的。

一直以来,我国对村级组织的定位是,村党支部是农村基层党组织,村委会是村民自治组织,村党委、村委会干部的职业身份并未因为其担任干部而改变,他们并非专职干部,而是兼职人员。在一些城镇化水平比较高的地区,村干部已趋于职业化。例如,在江苏省、上海市等地区,由于地方政府的财政能力比较强,集体经济比较发达,村干部可以专门从事管理服务工作,获得较好的经济收入。这些地区的村干部,虽是自治组织成员,但必须经过村民的选举认可。但基层党委和政府通过换届选举,并提供大量集体企业管理、公益服务等岗位,使优秀村干部有较好的职业保障。这些地区的村干部,因为既有较高的经济收入,又有稳定的职业保障,尽管要做很多细小琐碎的工作,但担任村干部对他们而言,不是一件"苦差事"。

全国绝大多数地区的村干部仍然是以兼职的身份履职的。在绝大多数地区,村干部的工资以误工补贴的形式发放,收入并不高。村民担任村干部的动机是多元的，经济激励只是一方面。例如，在浙江省的广大农村地区，虽然民营经济发达，但村集体经济并不发达。并且，长期以来，地方党委和政府对村干部误工补贴的财政支持力度并不大。但当地的村党支部和村委会选举竞争非常激烈，地方经济精英有较强的担任村干部的动力，以致形成了"富人治村"现象。富人竞选村干部，主要不是为了获取经济报酬，而是为了获得社会地位和市场机会。

在我国中西部地区的农村，人们当选村干部的主要动力也不是为了经济待遇。这些地方的村干部的补贴标准可以比照当地的劳动力市场。一般情况下，当村干部当然不至于"亏"，但也不能获得多大的经济利益。例如，有些地方近些年提高了村干部待遇，如果村干部的工作还是和以前一样，只是处理简单的村务，并不影响自己的劳动生产，那么，他们的待遇就不算差。但如果村干部忙到没有时间打理自己的生产经营活动，则其待遇就不算高了。可见，人们之所以还愿意担任村干部，是因为基本待遇有保障；更关键的是，村干部还是一种身份象征。例如，在有社会竞争的村庄中，担任村干部不仅是对个人的威望和能力的认可，也是家族等社会组织力量一致行动的结果。

二、当村干部是不是"苦差事"，取决于基层党委和政府对村干部的定位

只要村级组织是一个自我管理、自我服务和自我监督的自治

组织，村干部的主要工作便是村务和少量配合政务的工作。村务工作的一个主要特点是细小琐碎，而且无规律性。这就意味着，村干部必须在日常生产生活中去完成这些事务。例如，邻里纠纷的调解、农业生产中的合作用水、为村民办理各种证明等，几乎都要"有求必应"。而"有求必应"的前提是，村干部必须在村，熟悉村民生活的规律。村干部只有长期居住在村庄，才能让群众随时找得到，群众的诉求也能及时得到回应。只有熟悉村庄生活规律，村干部才能找到最简约有效的办法去满足群众的诉求。例如，调解邻里纠纷，不仅是要判断矛盾纠纷的是非曲直，而且还要在调解过程中修复群众之间的关系。因此，村干部的理想状态是，在生活中完成工作，融工作于生活。一个优秀的村干部不仅要有政策解读和执行能力，能够出色地完成党和政府部署的各项任务，还要有丰富的社会阅历，能够用地方性规范服务群众、治理村庄。

在这个角度来说，对于那些合格的村干部而言，当干部并不需要花费大量的时间和精力，也就是顺便完成而已。因此，当村干部并不是一件"差事"，更谈不上是"苦差事"，而是一件极有"面子"的事情。

一些地方的村干部之所以不好做，并不在于"差事"苦不苦，而在于他们普遍面临角色冲突的困境。如果村干部将自己定位为基层政权的代理人，尽心尽力为基层党委和政府办事，当然会得到基层党委和政府有力的支持。但是，如果村干部在执行政策的过程中，总是与基层党委和政府讲条件，甚至少数村干部竟然与党委和政府对着干。这类村干部可以获得一些群众的认可，做工作也比较简单，但在碰到一些刚性政策时，很容易被替换。我在调查中发现，这种类型的村干部都很容易因为角色冲突而被迫辞职。毕竟，对于村干部而言，他们获得的经济利益仅仅是误工补贴而已。即便可以从中获得一些灰色利益，也是小好处，并不足以让其不惜付出声誉代价。

当前，一些人之所以认为当村干部是一件"苦差事"，主要还是因为村级组织行政化和村干部职业化改革所致。村级组织行政化主要表现在以下三个方面：

第一，从治理事务量上看，政务数量急剧增加。一方面，基层党委和政府通过治理重心下沉或服务下沉，将行政事务下沉到村（社区）一级组织。例如，低保、养老、流动人口管理、合作医疗、计划生育等，均在村一级组织设置了专干。很多村庄由于行政资源有限，村干部需要兼职处理这些政务。近年来，随着防范化解重大风险、精准脱贫、污染防治三大攻坚战的开展，村级组织需要配合的临时政务工作越来越多。另一方面，一些传统的村务工作也有行政化的趋势。例如，党建工作的规范化程度越来越高，基层党组织要完成的阵地建设、活动和台账等工作数量急剧增加。另外，移风易俗等工作也因为地方党委和政府加大了工作力度，任务变得更加繁重。

第二，从治理方式上看，内务工作量急剧增加。村级治理向来是面对面地开展群众工作的，其工作方式主要是通过做思想工作，在农民家中、田间地头开展。因此，村庄治理不可能单纯依靠办公室办公来完成。但是，近些年在基层治理现代化的驱动下，村庄治理的规范化、制度化和标准化程度不断提高，办事留痕的原则已经渗透到了村级治理全过程。但结果是，村干部除了要做大量的群众工作以外，还要承担内务工作。事实上，内务工作不仅增加了村干部的工作量，也压缩了村干部的自主空间。

第三，从治理要求上看，标准越来越高。近些年来，目标考核制被广泛引入乡村治理。基层党委和政府通过千分制、百分制等评价体系，对村级组织和村干部进行考核。这虽然强化了基层党委和政府对村级组织的管理，但也在客观上导致村干部工作取向的变化。如果说，过去村干部还在代理人和当家人之间存在角色冲突的话，那么，在严格的考核制下，村干部基本上按照基层党委和政府的指挥棒在开展工作。上级检查考核的项目太多，从而增加了村干部的负担。村干部还普遍面临被追责的风险，其"差事之苦"，不仅在于工作量的增加，还在于自由裁量权的压缩和被问责的压力。

由于村级事务急剧增加，工作标准也急剧提高，很多地区的村干部事实上已经职业化了。有些地方并未要求村干部职业化，但不断增加的工作量，迫使他们主动放弃自己的家庭事务，全心投入村干部工作中。有些地方开展了半职业化探索，要求村级组织每天有人值班，村干部实行轮班制。相当大一部分地区则实行了全职化，所有村干部都要坐班，村干部的作风也被纳入了基层纪委监委的监督范畴。

显然，村级组织的行政化和村干部的职业化与村级组织的自治性质并不匹配。其显著表现是，村干部的工作方式、报酬和待遇有显著差异。很多人在担任村干部后，因为无法兼顾家庭生计，家庭收入大大降低。

三、当村干部是不是"苦差事"，还和农村社会分化与村干部群体转变密切相关

在村事务不多、压力不大，可以兼顾家庭生计的情况下，村干部看中的不仅仅是误工补贴，还有村干部的身份价值。这个身份价值，包括社会认可、市场机会和政治赋权等多个方面。当村干部是不是"苦差事"，还和农村社会分化和村干部群体转变密切相关。

在社会分化比较严重的地区，担任村干部具有极强的象征意义。一些地方一度出现"富人治村"的现象，村庄的富裕群体参与选举的热情比较高。主要原因是，很多富人在经济上获得成功后，需要通过当选村干部来获得社会认可。这一认可，不仅包括在村里有"面子"，而且包括以此获得基层党委和政府的认可，反过来为自己的经济活动创造更多的机会。从这个角度看，即使富人愿意为村里事务投入全部精力，也并不意味着当村干部就是一个"苦差事"，他们获得的社会价值远大于经济报酬。甚至，一些富人为了增加获选机会，承诺不拿工资，自己出钱为村庄做公益事业。长此以往，竞选村干部就成为村庄社会群体分化的特定社会机制。是否有能力参与竞选，并担任村干部，往往成为经

济精英获得社会地位的重要条件。而对于普通群众而言,因为无法承诺不拿误工补贴,更不可能自掏腰包包揽村庄的公益事业,也就自觉地退出了村庄政治舞台。

而在社会分化不太严重的农村地区,担任村干部除了社会荣誉等原因外,还有一个最为重要的原因,即当村干部是一份稳定而有保障的兼职。在大多数农村地区,农民家庭生计呈现出"半耕半工"的特征。绝大多数家庭的年轻人外出务工,老年人和小孩留守农村。随着人口老龄化时代的到来,有相当部分已经当上了爷爷奶奶的中年人也留守在农村。这一部分农民,无论是在村庄人口结构上,还是在经济和社会生活中,均是中坚力量。例如,他们虽然留守农村从事农业生产,但多少还可以兼营副食店、代销农药化肥、充当农副产品的经纪人等。村庄中的红白喜事,这群人也是主持操办者。因此,他们堪称"中坚农民"。由他们来担任村干部,有天然优势:他们熟悉村庄,本身就是村庄社会事务的操办者。对于他们自身而言,村干部误工补贴,也相当于多了一份事业。只要不影响农业生产,他们对担任村干部是有积极性的。

然而,随着村级组织行政化和村干部职业化的推进,村干部已经越来越接近"事务官"了。村干部虽然是通过村民选举上任的,但其自主性已经大大降低,也不太可能通过村干部这个职位提高其社会和经济地位。因此,村干部群体从之前的在村庄政治生活中享有社会威望、政治权威和经济地位的精英,变成"拿钱的办事员",事实上,越来越多的村干部认同这一定位。这一转变无论是对富人还是对"中坚农民"而言,都是一大冲击,在他们看来，担任村干部和家庭生计之间存在冲突。

当前，不少地方希望进一步提高村干部待遇，并加强村干部职业化导向，为村干部提供更多的职业前景，吸引年轻人担任村干部。但在市场经济条件下，无论如何提高待遇，村干部的收入都难以支撑年轻人结婚、生子、买房等家庭再生产的需要。同样，在经济发展水平一般的地区，无论如何拓宽职业前景，既有的政策工具也很难让村干部变成一个稳定而有前景的职业。要让当村干部不再是一件"苦差事"，让更多的年轻人投身其中，要重新明确村委会的自治性质和村干部的兼业特征。简而言之，要让那些决心在农村闯出一片天地的年轻人，积极加入村干部队伍。

"两栖"村干部如何演化而来

近些年来，农村出现了一批"两栖"村干部群体，这些村干部"平时居住在城镇，忙时回村干工作""白天工作在村里，晚上住宿在城里"。那么，如何认识"两栖"村干部呢？"两栖"村干部是如何演化而来的呢？

一、富人型村干部的"两栖"生活

"两栖"村干部群体是城乡二元结构背景下的特有现象,一开始是在"富人治村"的实践过程中产生的。自20世纪90年代开始,我国东部沿海的部分发达农村出现了一批先富起来的农民。和改革开放初期主要依靠农业和副业富裕起来的"万元户"不同,这部分富人群体主要从事工商业,其生产活动主要在城市。1998年《中华人民共和国村民委员会组织法》颁布施行后,被俗称为"海选"的村民选举制度被迅速推广,富人参选村干部的积极性不断高涨。再加上各地组织部门为了加强基层党组织建设,提出了"双强双带"(党建强、发展强,带头创业、带动创新)等措施,也倾向于让先富起来的村民担任村级组织带头人。于是乎,"富人治村"一度成为东部发达地区农村治理的主要特征。

近些年来,在很多中西部地区,也普遍出现了"富人治村"的现象。

一方面,因为这些地区也发展起来了,城镇化进程得以迅速推进,农村也出现了明显的社会分层,户籍在农村,但生活在城市的富人越来越多。一些先富起来的人出于各种原因,有较强的参与村庄治理的意愿。从客观上看,凭借强大的经济和社会资本,他们只要积极参选,都有较大的可能性当选村干部。

另一方面,近些年各地为了扎实推进乡村振兴战略,大力引进乡贤和能人担任村干部。我在中部地区某个大城市的郊区乡镇作调研发现，这个乡镇共有21个村，其中8个村的村级组织带头人（村党支部书记、村委会主任由一人兼任）是该镇党委和政府在村级组织换届中引进的乡贤和能人。这些村干部都在当地或市里有产业，而且功成名就。有一位乡贤的企业已经实现了现代化管理，由职业经理人打理，他每天看看财务报表即可。因此，他算是处于半退休状态，抱着奉献家乡的想法回到农村担任村级组织带头人。但其他7位村级组织带头人，都还需要兼顾企业经营。其中的一位能人型村干部直白地说，他回村担任村干部，主要是因为自己的生意都在当地，担任村干部有利于经营自己的企业。

由于长期在城市创业和生活，这些富人型村干部群体早已习惯了城市生活方式，甚至与村庄的社会联系并不紧密。对于富人型村干部而言，农村只是个半熟人社会。他们只和少量的亲戚朋友有人情往来，平时的休闲生活也和村民无关，而是和地位相当的企业家朋友以及地方精英一起，消遣的地点也多半在城市。更为关键的是，自己一旦担任了村干部，由于白天村务工作比较繁忙，企业的经营业务反而需要用业余时间来处理。在这种情况下，富人型村干部在城里安家生活，每天到村里"上下班"，过着"两栖"生活，也就不奇怪了。

二、普通村干部的"两栖"生活

事实上，即便不是富人群体，哪怕是普通村干部，也因近些年来城镇化的快速推进而过上了"两栖"生活。如果说富人型村干部的"两栖"生活具有鲜明的"返乡"色彩的话；那么，普通村干部的"两栖"生活，则是由"进城"造成的。

绝大多数村干部是农民中的中坚力量。和富人型村干部不同的是，他们还没有在城市扎根，还得依赖村庄从事农业和副业生产，甚至还要在农村完成养老等部分家庭再生产任务。并且，他们因为未曾离开农村，在农村有较为发达的社会关系网络，担任村干部做群众工作得心应手。然而，因为与富人在城市创业、在城市生活、较早地完成了城镇化不同，"中坚型农民"是在因为大规模的城镇化进程中而主动或被动地进城的。当前的农民家庭具有鲜明的发展型家庭的特征。家庭的主要功能并不仅仅是完成生儿育女、养老送终等简单家庭再生产，而是要通过代际合作奋力进城，让年轻人在城市安居，让孩子在城市接受较好的教育。如此，普通村干部也需要适应城镇化进程，努力进城买房。普通村干部的"两栖"生活和其他农民的行动逻辑没有本质区别。

普通村干部的"两栖"生活本质上，是由农民家庭生计模式决定的。在一个典型的三代家庭中，农民家庭普遍形成了"半耕半工"的生计模式。其中，中老年人在家务农，并通过务农承担赡养老人和抚养小孩的任务；而年轻人则通过外出务工，积累家庭财富，从而为进城作好准备。对于普通的农村家庭而言，家庭的财富积累并不足以让自己在大城市扎根，只能落脚于县城和乡村城镇。因此，大多数农民家庭只实现了半城镇化，这些家庭的生产空间仍然在农村和就业机会较多的大中城市，县城和乡镇主要是他们的子女上学所在地和新生代农民工返回农村的落脚点。过着"两栖"生活的普通村干部有两种类型：

一是中老年人。这一群体主要是将村干部视作一项副业。这一群体已经不是家庭经济收入的主力，却是维持家庭再生产不可或缺的力量。他们可能还有年迈的父母生活在农村，有子孙需要在城镇接受教育。因此，他们有极高的意愿做好村干部这个工作。村干部的待遇虽不算高，却足够维系家庭再生产。村干部的工作时而繁忙，时而轻松，看起来没有规律，但并不影响他们对家庭的基本照料。更重要的是，中老年村干部哪怕过着"两栖"生活，也仅仅是工作空间和生活空间的短暂分离。他们没有太多的家庭负担，当然也就不用花更多的心思在村干部工作之外寻找市场机会。他们在村庄的社会关系还比较完整，也可以高效地完成各项村务工作。

二是年轻人。近些年来，全国各地都在鼓励年轻人，尤其是返乡大学生担任村干部。绝大多数年轻人，尤其是返乡大学生之所以愿意担任村干部，并不是因为村干部有足够的待遇保障或者有足够的职业前景，而是因为这些年轻村干部家庭经济条件并不差，并且他们也都会经营一些像家庭农场、电商等适合年轻人创业的项目。他们之所以担任村干部，除了回报家乡的热情之外，更重要的是农村给少数返乡的年轻人存留了发展空间，而村干部显然是具有更多的市场机会。很多年轻人之所以担任村干部，是因为他们具有返乡创业青年的身份，并且受到了地方政策的扶持。我调查发现，这些年轻村干部也过着"两栖"生活。不过，他们的父母一般留守在农村,这样他们就可以照顾家庭了。如此一来,年轻村干部就有足够的精力去处理村务了。

当前的中国农村,由于公共服务越来越向县城和乡镇集中,人们的生活方式也在逐渐转型,村庄的生产、生活功能已经逐渐弱化,这导致村级治理的完整性也受到了影响。事实上,村干部越来越具有的"两栖"生活特征是城镇化的必然结果。

三、村干部职业化与"两栖"生活的冲突

从全国范围看,村干部的"两栖"化是一个自然而然的现象,它本身并不一定会弱化村级治理的效果。当前,一些"两栖"村干部之所以会在"两栖"生活之间产生冲突,主要是村干部的角色定位已经发生了巨大的改变。

村委会是一个自我管理、自我服务和自我教育的群众自治组织,这就决定了村干部的身份首先是村民,村干部并不是一个职业,而是一个兼职岗位。事实上,在长期的村民自治实践中,各级党委和政府也是按照群众性自治组织的定位来规定村干部的工作职责的。

(一)兼职化

村干部从群众中选举产生,村干部并不脱离生产,是不脱产的干部。因此,村干部的工作也相对自由,有村务时处理村务,没有村务时在家从事生产。并且,村干部没有规定的上班时间和

地点，群众可以随时随地找村干部。

（二）无固定薪金

村干部并不领取固定薪金，其待遇报酬源自误工补贴。因此，村干部并无工资一说。哪怕是地方财政保障村级组织的运转，也不是以固定工资的形式发放的。并且，在相当一段时期和相当部分地区，村干部的报酬并不主要由地方财政负担，而是源自村集体经济收益。因此，每个村的村干部待遇有明显差别。

（三）半正式行政

村干部的工作主要是处理村务，协助处理部分政务，主要是从事群众工作。因此，村干部履职并不讲究严格的程序规范，而是讲究实效。在大多数情况下，村干部可以借助自己的威望和社会关系，用非正式的方法完成任务。

近年来，村委会的组织和工作形态出现了一个非常大的变化，其主要表现是村级治理越来越规范，行政事务越来越多，导致村干部越来越忙。村干部的兼职化难以持续。一方面，近些年来的基层治理任务越来越多，村干部陷入各种治理事务而不能自拔。例如，乡村振兴、人居环境整治等，都需要花费大量的时间和精力去完成项目申报、落实，并花费大量时间做群众工作。另一方面，和过去的半正式行政不同，当前的基层治理越来越强调规范化和制度化，村干部得花费大量的时间和精力去处理办公室业务，包括填表、留痕等。因此，在大多数地区，村干部事实上已经从兼职变成了全职。在一些治理任务比较重的村庄，不仅村干部变成了全职，还聘用了数量不等的临时工帮忙处理各种村务。

同时，随着村级治理规范化程度的提升，上级党委和政府也加强了对村干部的管理。一方面，各地都在统筹财政资金以提高村干部待遇。村干部的补贴标准有了普遍提高，很多省份明确规定村主职干部享受乡镇副科级干部的待遇。另一方面，各地都采取各项措施规范村干部的行为。一是组织部门加强了村干部的组织生活、思想学习的管理。自党的十八大以来，农村基层党组织的建设不断提升，村干部的身份意识和政治表现有了极大的提高。二是基层党委和政府通过完善考核制度，强化了村干部的绩效考核。不少地方通过规范的千分制、百分制等考核指标，对村级组织和村干部的履职情况进行考核，从而强化了对村干部的管理。三是随着基层纪检组织建设的推进，党委和政府对村干部的作风和纪律监督也得以加强。不少地方出台规定，要求村干部实行坐班制，纪检机构下沉到村一级组织开展纪律监督。在少数地方，村干部甚至已经公务员化，无论是待遇，还是社会保障，甚至是职业前景，都有较好的保障。在这些地方，村干部可以安心处理村务。在极少数地方，基层党委和政府还通过组织手段，在乡镇范围内实现了村（社区）干部的交流机制。并且，基层党委和政府还建立了结构较为清晰的村干部队伍梯队，让村干部有更加稳定的职业前景。

总体而言，在各项措施的综合作用下，村干部已经从过去的兼职化慢慢转向全职化，有了较为规范的职务要求和严格的上下班时间。那些有自己的产业，或者仍然要依靠其他经营活动来维系家庭再生产的村干部，就必然会陷入困境。客观而言，除了极少数已经实现了公务员化的地区，大多数地区的村干部还得从事其他经营活动才能维系家庭再生产。在这个角度上看，"两栖"生活的冲突，其实是村干部职业化与农民家庭生计之间错位造成的结果。

四、"两栖"村干部与村庄治理绩效

"两栖"村干部现象，是乡村治理变迁的客观反映。它涉及村级组织在乡村治理体系中的定位问题。

根据《中华人民共和国村民委员会组织法》的规定，村民委员会是群众性自治组织，开展自我管理、自我教育、自我服务活动，村干部由村民选举产生。因此，村干部的主要职责是管理村务，服务群众。如果按照这个定位，则村干部的履职情况会因村庄具体情况的不同而有所区别，并不存在统一要求。"两栖"村干部是好是坏要依据村委会的不同形态而定。

一部分农村正在迅速空心化，不仅外出务工的村民多，而且就地实现城镇化的村民也不少。这一类型的农村，村民的生产生活已经转移到城镇，村务活动已经不在农村开展，"两栖"村干部的存在具有一定的合理性。简而言之，村级组织的功能主要是维持基本的社会秩序。一方面，村干部要服务好仍留守农村的村民尤其是弱势农民，为他们承接好政府的各项公共服务，帮助其解决生产生活的不便。另一方面，村干部也要为村民的城镇化进程提供好服务，为他们的顺利进城提供各项服务，并为其照看好农村的家园，解决其后顾之忧，保留其退路。概而言之，空心化的村庄的村级组织是维持型的，村干部的"两栖"化适应了村民"两栖"化的需求。

一部分农村的人口比较多，大多数村民都还在这里生产、生活，村务需求比较多。同时，能人型村干部则因为家庭条件比较好率先进城了。"两栖"村干部和村务需求之间是不匹配的。过去一些年，在东部发达地区的部分农村，一些富人为了获取政治身份，通过选举成为村干部。但因为这些富人的主要工作仍是经营企业，甚至当选村干部就是为了更好地服务于企业经营活动。所以，富人型村干部普遍不在农村，也无法正常履职。久而久之，农村事务往往由其他村委会成员或由村委会雇用的办事人员处理。在有活力的农村，"两栖"村干部造成了村庄权力和治理行为的分化。由于村干部几乎都不在农村，也不具体处理村务，造成了村庄治理的"去政治化"现象。村民在选举出村干部后，无法真正实现自己的意志；一些村干部在获取村庄权力之后，也放任自流。其结果是，村庄治理的效果并不好，村民的诉求无法得到有效回应。在有较大治理需求的农村中，"两栖"村干部已经不适应农村治理的实际需要，应该对此作出根本性的改变。

还有一部分农村，因为历史文化、区域优势等原因，正处于快速发展的过程中。这些农村，政府投入了大量的资源开展基础设施建设，并通过政策扶持发展产业。因此，基层党委和政府为了更好地帮助农村发展，也倾向于让能人担任村干部。因此，很多发展型农村的带头人，都是基层党委和政府从在城市发展良好的乡贤中动员回来的。这些乡贤在担任村干部后，也会居住在城市，成为"两栖"村干部。绝大多数乡贤回村都抱着奉献和造福乡亲的心理，他们与基层党委和政府也有非正式的约定，即回村担任一两届村级组织带头人，就要卸任。因此，他们一旦回归农村，会全身心投入村务工作，但也普遍会面临水土不服的问题。由于长期经营企业、长期在城市生活，这些乡贤已经习惯了用管理企业的思维或城市生活的逻辑来治理农村。结果是，一方面，他们很有威望，大多数村民也比较认可他们。另一方面，因为他们和村庄社会较为疏离，而且较少做群众工作，部分群众并不认可其治理行为。一旦工作碰到困难，一部分乡贤型村干部就会觉得委屈，认为自己的奉献得不到群众的认可。如果问题得不到有效解决，基层党委和政府也不支持其工作，这些村干部很可能半途而废，回到城市，反而荒废了村务治理。

这样看来，"两栖"村干部是否合适，取决于村庄的发展阶段以及村务活动的要求。如果村干部的"两栖"状态和村庄治理需求相匹配，则村庄治理绩效并不会因此下降；但如果不匹配，则可能严重影响村庄治理绩效。

五、"两栖"村干部的出路

"两栖"村干部是伴随着城镇化进程而产生的，也必然会随着城镇化的发展而发生改变。当前，我国的城镇化率已经超过60%，大多数人口已经生活在城市。并且，我国常住人口城镇化率还处在迅速增长中，还要经历一段时期的高速城镇化过程。"两栖"村干部还会维持一段时间。那么，"两栖"村干部的出路何在呢？

我认为，应该根据具体情况给"两栖"村干部找到不同的出路。

一是职业化。有些村虽然名义上还是农村，但事实上已经社区化了。这些村处于城郊或城中村，承载了许多城市功能，并且，还吸纳了数量不少的流动人口。并且，这些村所在的大部分区域也成为城市的一部分，已经具备城乡融合的条件。在这些村，村干部的主要职责不仅是为村民服务，而且还要服务外来流动人口、服务于城市发展。党委和政府也有较强的经济实力，能够实现公共服务的均等化。在这些村，村干部管理完全可以参照社区专职干部的管理，实行职业化。大体而言，村干部要有入职条件，并将之纳入规范化管理，对其职务行为有明确规定，为他们提供稳定的薪资待遇。另外，还可以开通一定的渠道，让在社区做得比较好的村干部，能够通过考试、提拔等途径，成为公务员。

二是兼职化。绝大多数地区的村干部要保持兼职化的特征。也就是说，要承认村干部"两栖"化的合理性。对于大多数农村而言，解决村干部"两栖"化的弊端，出路不在于村干部全职化，而在于建立适合当地实际的村干部工作机制。首先，要给村干部减负。对于大多数地区而言，目前村干部的待遇比较低，他们还要从事生产经营活动，基层党委和政府要尽量避免村干部承担过多的政务。其次，可以建立适应当地实际的村委会工作制度。例如，村委会可以通过轮班制来保证满足村民的各种需求，既防止村干部全职化带来过重的基层负担，又防止村干部"两栖"化的情况给村民办事带来不方便。

三是志愿者化。在有条件的地方，可以倡导将一部分村干部实行志愿者化。例如，鼓励有能力也有意愿的能人、退休干部、退休老师等回农村担任村干部。在有些地区，组织部门储备了不少乡村振兴人才，这些人曾经担任公职，有较好的退休保障，也有较强的大局意识，有条件无私奉献家乡。

总而言之，村干部"两栖"化是城镇化快速推进过程中的阶段性现象。一旦城镇化完成，或城乡之间实现了融合发展，则"两栖"村干部的现象会变得越来越少。当前，不宜对"两栖"村干部进行简单定性，要因地制宜，结合农村变迁建立科学的村干部管理制度。

后　记

2021年，我出版了三本学术随笔集，分别是东方出版社出版的《大国底色：巨变时代的基层治理》《基层中国：国家治理的基石》以及中国人民大学出版社出版的《治大国若烹小鲜：基层治理与世道人心》。三本书的社会影响都不错，这鼓励着我继续出版新的学术随笔集。

我写完以上三本书后，仍然继续撰写学术随笔和社会评论，这本书便是我在2020—2021年间撰写的社会评论集。这几年，无论是党和国家，还是人民群众，都把目光聚焦于基层。对于国家而言，基层是"基石"，"基层稳，则天下安"；对于社会而言，基层是"魔方"，基层的多张面孔，真是比小说还富有戏剧性。作为一名社会学者，这本书的出版，权且证明我对正在发生的现实还有一点洞察力。

于我而言，学术随笔是集经验训练和研究积累于一体的一种载体，其公共价值纯粹是个意外。多年前，我有几篇学术随笔发表，它们竟然在网络上广为传播，由此我结识了不少读者。我也因此和媒体结缘，受邀担任多家媒体的撰稿人和专栏作家。我很庆幸，这些文字不再是我的私人笔记，而是从诞生之日起便有了公共性。这两年，或许是人到中年的缘故，抑或是作调查时间长了，我有了一点经验质感，尝试着通过个体体验式的文字来描绘世道人心。

基于此，我想把这本书献给我的父亲，祭奠那终将逝去的乡村记忆。这本书中有几篇文章都和他直接相关。他的一生，是中国农村改革史的缩影。而我对城乡中国图景的理解，很大程度上也源自对他人生体验的再体验。

吕德文
2022 年 3 月 26 日于武汉珞珈山